6万人を調査してわかった
迷わない決め方の科学

超決断力

メンタリスト
DaiGo

サンマーク出版

序章

決断力を鈍らせる「3つの誤解」

▼「決断」は難しいと思い込んでいませんか？

最近、あなたはどんな決断をしましたか？

そして、その結果は満足できるものでしたか？


メンタリストＤａｉＧｏです。

『超決断力』は、昨日の自分よりも良い決断をしたい、悩まずに一瞬で答えを出したい、もう後悔したくないと願う人のために、書きました。

あなたは「決断」という言葉に、どんなイメージを持っているでしょうか？

とても難しくて、ミスをしてはいけなくて、間違ったら人生すべてが間違ってしまう……そんな重要なことだと捉えてはいませんか。

でも、「決断」とは本当に、難しいことなのでしょうか？

少しだけ過去のことを振り返ってみてください。あなたが「決断」した後に、何が起きましたか。どんなに悩んだとしても、私たちが決断後にとる行動は2つに1つです。
決めたことをやるか、やらないか。

「決断」と聞くと重たく感じますが、じつは、やるかどうか決めているだけ。つまり、本質的には「ランチを食べるか、食べないか」「話題のドラマを見てみるか、見ないか」を選ぶのと大きな違いはありません。

それなのに、なぜ「決断」を難しいと思ってしまうのか。それは、ミスをしてはいけない、慎重に判断しなくてはいけないと思い込んでいるからです。

たとえば、結婚するかどうか、転職するかどうか、家を買うかどうかなど、人生で何度も決めるわけではない決断を前にすると、何が正しいかがわからず、迷い、考えすぎて、先延ばしをすることになります。

でも、「今日のお昼、何を食べようかな?」と迷ってからラーメンに決める。そんな決断は、すぐに、先延ばしすることなくできているのです。

お昼ご飯を決めるのは大きな決断ではないから? いいえ、違います。昼食を食べなければおなかがすいて、いずれ倒れてしまうかもしれない。

転職をしなければ、会社が潰れて、いずれ路頭に迷って、ご飯も食べられなくなってしまうかもしれない。

「決断をしないと、自分が困る」という意味では、どちらも同じなのです。

でも、お昼ご飯の決断は、慣れているから「簡単に」できるだけです。

「慣れているから」。ここがポイントです。

家や会社のまわりにどんなお店があるかわかっているし、だいたいの味や値段の見当もつくから、決められる。

すべての決断は、これと同じです。

どういうことか、お話ししましょう。

▼8割以上の決断に「熟考」は必要ない

「決断をするときは、選択肢を出し、優先順位を考え、未来がどうなるかを予測して、まわりに相談もして、結局確信は持てないけれど、えいやっと決める。決めてからも迷い続ける。これを毎回やらなくてはいけない」

じつはここに、「決断」を苦手とする人が抱えている、**大きな思い違い**があります。

極端なたとえ話ですが、作り置きしておいたお弁当を温めて食べようとするとき、電子レンジのパーツを買ってきてイチから組み上げる人はいませんよね?

毎食、自炊で仕込みから手をかけてフルコースを作っている人もいませんよね?

食べたいなと思ったとき、冷凍してあるお弁当を取り出し、レンジに入れて解凍する……。フルコースを食べたいときは評判のお店を予約する……。


私は、決断も同じだと考えています。

自分の心に余裕があるときに決断のルールをいくつか先に決めておき、実際に試していきながら、うまくいったものをストックしておく。そして、次の決断の場面でそれを取り出して、アレンジが必要なら少しだけ手を加えて、活用する。

日常的な選択で経験や「慣れ」がものを言うように、事前に**「決断のルール」をいくつか用意しておくだけで、決断は驚くほど簡単にできるようになる**のです。

この条件を満たしたら、実行しよう。

自分にとってもっとも重要な価値観とズレているから、今回はやめておこう。

まわりがどれだけ勧めても、専門家の意見を聞いてから判断しよう。
何から手を付けていいのかわからないから、問題を分解しながら考えよう。

実際、私はルールを決めたことで、**ほとんどの決断を迷わず、一瞬でできるようになりました。**決断を後悔することも「ほとんど」ありません。仮に失敗したとしても、それはルールを微調整するためのヒントが得られただけだからです。

人生における8割以上の決断に熟考は必要ありません。ルールを作り、自動化し、決断をくり返すたびに、そのあなたの決め方は洗練されていきます。

つまり、難しい問題だから、慎重に判断しなくては……と悩む必要はないのです。

▼あなたの決断力を高める「超決断力」の読み方

『超決断力』では、**心理学や行動経済学、神経科学の研究によって裏打ちされた効果的な決断のルール**を紹介しながら、あなたの決断力を高めていきます。

そのステップは次のようになっています。

第1章では、決断を迫られるシチュエーションを4つに分けて解説。

▼「やるべきことがわかっているけど決断できない（単純＝simple）例：ダイエット」
▼「どの選択肢が一番いいかを決断できない（面倒＝complicated）例：引っ越し、転職」
▼「予測できないことだから決断できない（複雑＝complex）例：投資、結婚」
▼「答えがないから決断できない（混沌＝chaotic）例：ずっとこの人生でいいのか」

について学び、**決断力を高めるために知っておくべき、基礎**を固めます。

続く第2章では、**先延ばしに悩む人が陥っている完璧主義の罠**を掘り下げ、「決断麻痺」から抜け出す方法を紹介します。なぜ、決められないか。その理由を知ることで、決断のルールの役割がはっきりしていきます。

第3章では、第1章で分けた4つのシチュエーションのうち、3つの局面で役立つ決断のルールを解説。あなたを最善の決断に導く方法を具体的に紹介します。

そして、第4章では答えの出ない混沌とした状況下での決断について深掘りします。初めて考え、どこから手を付けていいのかわからないような問題、人生を左右しそうな重要な局面にどう向き合い、何から手を付けていけばいいのかを解説します。

締めくくりとなる第5章は、決断のルールをさらにブラッシュアップし、決断ミスを減らす7つのサブテクニックを紹介。あなたをより良い意志決定者とするため、決断の精度をさらに向上させます。


私は本を読むとき、いつも自分が今、一番必要としているページから読み始めるようにしています。**どのページから読むのもあなたの自由です。**ただ、『超決断力』のコアな部分である第1章、第3章、第4章は1つの流れになっているので、順番に読み進めたほうが理解しやすいかもしれません。決断の仕組みを知り、決断のルールを学び、中長期的に決断力を高めたい人にお勧めです。


一方、日頃から自分の決断力のなさや決断したことへの後悔について悩んでいるなら、第2章と第5章から先に読むとスッキリするかもしれません。ここには現時点であなたの決断がうまくいかない理由が書かれています。

まずはうまくいかない原因を知ってから、決断のルールを学ぶのもいい判断です。

いずれにしても決断の仕方を学び、実践するうちに、あなたにはあなた独自の決断のルールが備わっていくはずです。すると、かつては難題だと悩んでいた問題にも、スピーディーに対処できるようになります。

なぜなら、向き合っている課題にイチから悩み、判断材料を集める必要がなくなるからです。そのときに合った決断のルールに当てはめて決めていきましょう。

それをくり返すうち、周囲が驚くような速さで、その場そのときに合わせてあなたにとって最善の決断ができるようになっていきます。

エビデンスに基づく決断のルールを学び、自分のものとする。それが本書で身につく「超決断力」です。

▼決断をできなくさせる「3つの誤解」

「超決断力」を身につけるトレーニングの第一歩として、多くの人が囚われている「決断にまつわる3つの誤解」を解くところからスタートしていきましょう。**私たちが決断できないのは、無意識のうちに、次の3つの誤解に縛られているから**です。

決断にまつわる誤解

1

たくさん考えれば考えるほど、正しい決断ができる

誰もが、いい決断、後悔しない決断をしたいと願っています。

そのためには、熟考すること。考えて、考えて決めることが欠かせないと信じてはいませんか？

詳しくは第1章以降で解説していきますが、**心理学や行動経済学、神経科学の研究を見ると、考える時間の長さと決断の成功率は比例しません。**それどころか、さまざまな研究では決断のスピードが上がるほうが、最善の決断をする確率も上がるのです。

では、正しい決断をするために、本当に重要なのは何か。

それは**「ものさしを決めること」**です。

どういう条件が揃ったときに決断するか。言わば、「決め方を決めているかどうか」が、決断についての後悔を左右しています。

「あのときはこう決めたけど、うまくいかなかったから今回は……」と。そんなふうに決断の基準がぶれてしまうと、前回の失敗も成功も次に活かすことができません。毎回、イチから条件を並べて、比較して、熟考して決めることをくり返すのは非効率です。

また、今日は20センチ、明日は30センチと毎日、長さの変わるものさしでは、正確な図面を描くことはできません。**ど**

れだけ判断に必要なデータを集めても、軸がなければデータに引っ張られて混乱するだけです。AとBとCが揃ったら決断する……そんなふうに判断基準が定まっていれば、決断のスピードが上がります。

そして、さまざまな研究で、決断のスピードの上昇は結果的に最善の決断に成功する確率を向上させることがわかっているのです。

そのメカニズムは第1章で詳しく解説していきます。

私は、決断のものさしをいくつかストックし、物事を決める必要があるときは、それに照らし合わせ、即断していきます。

自分では決めず、条件にマッチしたら「やろう」「やめよう」と動き出し、結果に応じて決断のものさしを修正。そのくり返しで、自分にとって最善の決断につながるものさしのストックが整っていくわけです。

決断にまつわる誤解 2

「やる気のあるとき」に決める

いい決断ができれば、いい未来がやってくる、と。

あなたもそんなふうに思って、物事を決めていませんか？

これも決断にまつわる大きな誤解の1つです。

というのも、私たちは未来を見通すことができません。ところが、何かを決めようとしているとき、「これがいい結果になればいいな」と願ってしまいます。この思いは本能的なもので消すことができません。

ここで覚えておきたいのが、**今、あなたが抱えている感情、気分はたやすく変化してしまうこと。**ジムに通うというい い決断ができたから、やせる未来がやってくるはずだったのに、移り気でサボりがちな自分に気づき、落ち込むという結果になってしまうわけです。

　これは**私たちがもっとも引っかかりやすい決断ミス**で、現在の感情は決断の良し悪しを大きく左右します。この**その時々の感情や気分で意志決定してしまう仕組みは心理学の世界で「プロジェクション・バイアス」と呼ばれています。**

　たとえば、特に目的はなくショッピングモールやネットショップを見ていたのに、「あ！　これはいい！」と衝動買いをしてしまったことはありませんか？　その場では「いいもの買ったわー」と満足していたのに、家に帰ったり、商品が届いたりした途端、「あれ？」となって、結局、ほとんど使わないままクローゼットの奥に。

　この手の経験は誰もがしていると思います。これもプロジェクション・バイアスの一種。ひと言

で説明すると、今の感情をベースにして、未来はこうなると考えてしまうのです。

しかし、これでは、どの感情や気分に引っ張られた決断であっても、基本的に後悔することになります。

なぜなら、何の決断のルールもなく、勢いで選んでいるからです。

でも、感情や気分の影響力は強く、その場ではミスに気づけません。「最初に思いついた解決策が一番いい」と囚われてしまう傾向は、誰もが持っています。だからこそ、感情、気分はたやすく変化することを覚えておきましょう。

第2章と第5章で詳しい対処法を紹介します。

決断にまつわる誤解

3

やるか、やらないかで決める

冒頭で、どんな重い決断も、その後は「やるか、やらないか」に分かれるだけだ、と書きました。でも、**決断する時点では「やるか、やらないか」の視点だけで決めな**

いようにしてください。

詳しくは第1章、第3章、第4章で解説していきますが、決断の必要がある場面は大きく4つに分けることができます。そして、そのいずれのシチュエーションでも、「やるか、やらないか」だけで物事を決めてしまうと、後悔する確率が高くなってしまうのです。

「やるか、やらないか」を決めるのに、「やるか、やらないか」で決めてはいけない。まるで謎掛けのようですが、**この誤解から脱する方法は簡単です。**

選択肢を増やす。ただそれだけです。

「Aをやるか、やらないか」ではなく、**「Aもあるが、Bもある。どちらが適し**

た選択か」と2択にする。

または「AもBもCもある。3つのうち、どれが適した選択か」と3択にする。

たったそれだけで、適した決断が下せる可能性が高くなるのです。

▼決断をするときに「やるか、やらないか」を考えてはいけないワケ

実際、オハイオ州立大学で企業の意志決定について研究していたポール・ナット博士が168の企業のCEOを対象に行った調査では、経営上の意志決定を行う際、2つ以上の選択肢を比較検討したCEOは全体の29%に過ぎませんでした。

そして、**「やるか、やらないか」形式で意志決定をした場合、長期的に見て52%の決断が失敗に終わっていた**のです。一方、**2つ以上の選択肢を検討した後の決断の場合、失敗は32%まで減少**しました。

なぜ、「やるか、やらないか」ではうまくいかないのか。

それは、選択肢が1つしか見えていないとき、私たちは「この決断を下すには、どうしたらいいだろう?」「やるか、やらないかのどちらを選択すれば周囲の支持を得

られるだろう?」とばかり考えてしまうからです。

しかも、1つの選択肢について深く掘り下げ、検討するうち、自分がとても慎重かつ丁寧に検討したような気分になっていきます。この決断は重要だと思い込んでしまう罠にハマってしまうのです。

1つしかないと思い込んでいる選択肢が残念なもので、それを「やるか、やらないか」といくら熟考したところでいい結果には結びつきません。

ですから、視野が狭くなっていることに気づかず、やっても後悔、やらなくても後悔という展開を避けるためには「もっといい選択はないだろうか?」「他にいい方法はないだろうか?」と複数の選択肢を持つべきなのです。

また、嫌なことと苦手なことの2択で、どっちがマシかを比べるくらいなら、視野を広げて楽しそうな選択肢をプラスして考え直してみましょう。嫌なことと苦手なことなら、どっちも選ばなければいいと決断できるはずです。

当たり前のことのように聞こえるかもしれませんが、実際、優秀な能力を持っているはずのCEOであっても、**選択肢を3つあげてから比較検討している人は、全体の3割程度**でした。

私たちは慎重に熟考して決断しているようで、じつは「やるか、やらないか」の1択、もしくは「Aか、Bか」の2択で物事を決めてしまっているのです。

あなたも「やるか、やらないか決めなくては」と思った瞬間に、「あれ？　他の選択肢はないかな？」「視野が狭くなっていないかな？」と自問自答する癖を付けましょう。それが決断の3つ目の誤解から逃れるもっとも確実な方法です。

▼決断の精度を上げる「ルール、仕組み化、自動化」

ここまで書いてきたように、決断にとって本当に重要なのは、熟考でも、感情でも、やるか、やらないかの意気込みでもありません。

この3つの誤解を取り払い、あなたの中に備えていってもらいたいのが「決断のルール」です。

たとえば、あなたが「決める前に必ず、他の選択肢はないかな？　と問いかける」というルールを導入したとしましょう。すると、会社を辞めて独立起業したいと思っているとき、こんなふうに意志決定を進めていくことができるようになります。

「会社を辞めて起業するかどうか、迷っている」
・いつのタイミングで辞める？　決め手に欠けている
・起業資金が貯まるまで我慢できない？　勢いが大事じゃないかな
・そもそも辞めた後の生活費のことは？　心配
・起業のアイデアは本当に通用するもの？　イケるはず。でも……
・昨日は前向きだったけど、今日は不安。そんな調子で大丈夫？　日によって気持ちがブレる

↓

ぐるぐる悩みが尽きないけど、決めなきゃ始まらない。起業しよう！

↓

決断のルール「決める前に必ず、他の選択肢はないかな？　と問いかける」

↓

「すぐに辞めるかどうか、起業するかどうか決めずに、副業で試したらどうだろう？」

じつは、ベンチャー企業の成功と失敗を追跡調査した研究では、アイデアをベースに**いきなり起業したケースでは倒産リスクが非常に高く、本業を持ちながら副業としてスタートした場合、倒産リスクが33％も低くなる**というデータが出ています。

こうした研究を知っていても、知らなくても、「会社に留まるか」「辞めて起業するか」の他に「副業で始める」という選択肢を加えることで、その時点での最善の決断をする可能性を引き上げることができるのです。

▼「決断の先送り」をやめ、悩む時間を減らすたった1つの方法

「決断」に時間をかけすぎることは、人生で大切な「時間」という資源を失うことにつながります。

ここでは「決める前に必ず、他の選択肢はないかな？　と問いかける」というルールを取り上げましたが、こうした「決断のルール」を複数持っておくことで、決断に費やす時間を短くし、そして精度を高めることができます。

たとえば、選択肢は1つよりも2つ、2つよりも3つあったほうが良い決断につな

がります。しかし、多すぎる選択肢は逆に私たちを迷わせます。その場合、第3章で紹介する選択肢を絞り込むルールが、決断力を上げてくれます。

また、複数のルールを持つことで、迷う時間を減らすことができます。迷い、思い悩む時間が決断の精度を高めてくれるイメージもあるかもしれませんが、これも思い違いです。

「迷い、思い悩み、決断し、試して、結果が出る」よりも「ルールに照らし合わせて、決断し、試して、結果が出る」のステップのほうが、あなたの決断力は高まっていきます。

多くの人は、決断するまでに迷い、悩む時間を持ちすぎています。迷って、迷って、悩んで、悩んで、結局、先送りにしてしまう。すると、試す時間がなくなり、良し悪し関係なく結果も出ません。

「あのとき、思い切ってやっておけば……」と後悔しつつ、現状維持のまま停滞してしまうのです。決断力を高めたいのなら、迷い、悩む時間を減らし、試す時間を増やすこと。そのためにも決断のルールは、あなたの助けになってくれます。

また、決断のルールには、ブラッシュアップが必要です。

なぜなら、私たちの好みや考え方、価値観は少しずつ変化していくからです。

今は○○が好きでも、こんな生き方が理想だと考えていても、来年、再来年も同じかどうかはわかりません。これは自然なことで、人は変わっていくものです。

ですから、ずっと変わらずにベストの答えを出し続けられる決断のルールはありません。背が伸びたり、太ったり、やせたり、好みが変わったりして、似合う服が変わるように、決断のルールも仕立て直していく必要があります。

そのためにも、「決断のルール」を使い、無駄に「迷う」時間を捨てて、「試す」時間を作る。そしてそこでの成功体験、失敗体験を、決断のルールの微調整に使う。

これこそが、**最強の「超決断術」**なのです。

▼この本で紹介するのは、科学的に効果が証明された、合理的な決断法

「未来を自分で作ること。これが未来を予測するもっとも簡単な方法だ」

これはコンピュータ科学者のアラン・カーティス・ケイの言葉です。

一度、下した決断が正解だったとしても、将来的にずっと正しいままかどうかは誰にもわかりません。未来がわからない以上、正しかったと思えるように行動し続けていくことが大切です。

そう考えると、人生は平坦ではありません。決断をしくじり袋小路に追い込まれることもあるでしょう。**だからこそ私は、決断を手助けしてくれる科学的に効果が証明された汎用性の高いルールを試してみることをお勧めします。**

できるだけ最善の決断に近づく合理的な方法を試す。何か壁にぶち当たったら、ま

たルールに沿って考える。そのルールも、成長に従ってどんどん更新していく。それが、決断力を高める、唯一で最高の方法です。

最後にエイブラハム・リンカーンの言葉を。

「できると決断しなさい。方法などは後から見つければいいのだ」

決断をするときには、結果をあれこれ考えるよりも、自分が納得できるルールに沿って決め、行動しましょう。

未来を読むことは誰にもできません。

大切なのは今この瞬間、あなたが納得できる決断ができるかどうかなのです。

本書が、あなたの最善の未来につながる一助になることを願っています。

「決断のルール」を用意しておくだけで、
驚くほど簡単に、
精度の高い決断ができるようになる

序章

決断力を鈍らせる「3つの誤解」

決断力を鈍らせる「3つの誤解」　1
▼「決断」は難しいと思い込んでいませんか？　3
▼8割以上の決断に「熟考」は必要ない　5
▼あなたの決断力を高める「超決断力」の読み方　7
▼決断をできなくさせる「3つの誤解」　10
▼決断をするときに「やるか、やらないか」を考えてはいけないワケ　18
▼決断の精度を上げる「ルール、仕組み化、自動化」　20
▼「決断の先送り」をやめ、悩む時間を減らすたった1つの方法　22
▼この本で紹介するのは、科学的に効果が証明された、合理的な決断法　25

第1章

決断力を高めるために知っておくべき、「決断の4つの種類」

37

「決断力を上げる」とは、「決断のスピードを速く」して、「決断ミスをなくす」こと　39

▼どんな優秀な人でも決断ミスをしてしまう理由　39
▼「今日のランチ」と、「デートの食事」の決断は同じでいいか？　42
▼ダイエットで悩んでいるなら「単純（simple）」　45
▼仕事上の決断に使いやすい「面倒（complicated）」　47
▼転職で悩み続けてしまう、本当の理由　50
▼どうすればコロナを抑えられるか？　を考えるのに使える「複雑（complex）」　51
▼結婚や独立など、予測できない問題を、どう決断するべきか？　54
▼答えのない問題にぶちあたったときの解決法とは？　56
▼この問題は、後から説明がつくか？　つかないか？　58
▼「決断のルール」があれば、最高の決断ができる　60
▼難しい決断を助けてくれた「問い」　63

第2章

決断麻痺を引き起こす「5つの罠」 67

脱・完璧主義が決断のスピードを上げる 69

▼決断を先延ばしにしてしまうのはなぜ？ 69
▼「熟考」と「コイン投げ」、どちらの決断がうまくいくか？ 71
▼完璧主義者がハマる5つの罠 74
▼4つの「脱・完璧主義対策」 89
▼過去の成功体験から「マイ・ヒューリスティックス」を作る 97

決断を先延ばしにしない方法 105

▼一瞬で答えを出せる人になるには 105
▼悩んだときに役立つ「メタ決断分析」の4つのステップ 106

第3章

「決断のルール」が最強の決断をつくる

「決断のルール」が最強の決断をつくる —— 117

Simple —— 決断を自動化する方法 —— 119

▼あなたを助ける「決断のルール」とは？ —— 119
▼決断が「秒」でできるようになる「VARI」スキル —— 122
▼8割の意志決定を自動化できる「価値と自動化」ルール —— 124
▼決断力を上げるための「10の質問」 —— 127
▼ソクラテスの言葉は、決断にも役立つ!? —— 136
▼貯金、筋トレ、献立、コーディネート……すべて「決断の自動化」でうまくいく —— 138
▼「決断の自動化」で気をつけておくべきリスクとは？ —— 141

Complicated —— たくさんある選択肢から最高のものを選ぶ方法 —— 144

▼多すぎるデータやアドバイスから、本当に役立つ情報を選ぶには？ —— 144

▼データが多すぎて決められないときも間違わない「デフォルト設定」 147
▼本当に意味のある「データ・ドリブン」を行うために必要なこと 148
▼判断ミスを引き起こす「確証バイアス」と「イケア効果」を避けるには？ 150
▼決断力を高めるのは「意志」ではなく「価値観」である 151
▼転職での決断ミスを防ぐ「デフォルト設定」の使い方 153
▼「とりあえずビール！」の決断は、正しいか？ 156

Complex —— 理想はあるのにどうすればいいのかわからないときの決断法 158

▼なぜ数学者は、デート中に数式の解き方をひらめくのか？ 158
▼「新しいことを始める」決断をするとき、気をつけること 161
▼「1つのバイトを長くやる」「バイトを100個やる」、どちらがいいか？ 163
▼直感で決めていいのか？ 165
▼「直感」を信じていいたった1つの状況 167
▼決断ミスを引き起こす3つの行動 169

第4章 答えのない問題でも「2つのルール」を知れば決断できる

答えのない問題でも「2つのルール」を知れば決断できる 173

Chaotic ── 答えのない問題を解決に導く方法 175

▼「答えのない問題」を解決するための「決断のルール」とは？ 175
▼答えのない問題を解決するために、絶対にやってはいけないこと 178
▼答えのない問題を解決に導く「HARM」のテクニック 181
▼「何を悩んでいないか？」を考えると、答えのない問題に道が開ける 183
▼「一度は結婚してみるべき？」と悩んだときの解決法 185
▼私がテレビに出るのをやめるかどうか？　の決断ができた理由 187
▼脱・優柔不断に役立つ「デバイアス対策」 189
▼倒産寸前のAppleをV字回復させた、ジョブズのある「決断」 195

第5章
科学が証明した、決断ミスを減らす7つのアプローチ 199
科学が証明した決断ミスを減らすテクニック 201
▼決断ミスを減らす7つのテクニック 201
▼お腹がすいているときに買い物に行くと買いすぎるのはなぜ？ 205
▼日記をつけると、決断力が上がる？ 212
▼人に相談すると、決断ミスは防げるのか？ 218
特別章
さらに決断力を上げるための4つの方法 233
決断力が上がる「テクニック」が存在する 235

▼さらに決断力を上げる方法 235
▼投資で高収益を出す人に共通していた「決断のルール」とは？ 236
▼「決断のルール」は更新したほうがいいのか？　守り続けたほうがいいのか？ 238
▼小説を読む人は、決断力が上がる!? 240
▼どんな小説を読むと、決断力をより高められるのか？ 243
▼選択肢は多いほうがいい？　少ないほうがいい？ 244
▼「自分らしくない選択肢」を入れることが、飛躍するチャンスになる 247
▼より良い決断ができる「外国語効果」 249
▼外国語効果を味方にする方法 251

第1章

決断力を高めるために知っておくべき、「決断の4つの種類」

「決断力を上げる」とは、「決断のスピードを速く」して、「決断ミスをなくす」こと

▼どんな優秀な人でも決断ミスをしてしまう理由

あなたは1日に何回くらい決断を下していると思いますか？

些細な選択まで計算に加えると、その数は想像を上回る回数になっています。

たとえば、ケンブリッジ大学のバーバラ・サハキアン教授の研究によると、私たちは1日に最大で3万5000回の決断を下しているそうです。

しかし、**決断は、どんな内容であってもストレスを伴い、脳に負担をかけます。その疲労が積み重なると、決断ミスが生じるようになっていく**わけです。

よく「重要な意志決定は起床後から午前中にするべき」と言われるのは、睡眠によって脳がリフレッシュし、十分な決断力を発揮できるから。7時台に起き、9時台に仕事を始め、ランチタイムを挟み、夕方に「疲れたな……」と感じるのは、脳の決断疲れが大きな要因となっているのです。

これは、決断力がある人も、ない人も同じです。**決断というストレスにさらされる回数と時間が多ければ、どんなに優秀な人でもミスをする**のです。

実際、圧倒的な技術を誇るトップアスリートもすべての試合に勝てるわけではありませんし、飛び抜けて優れているとされる創業経営者が重要な判断でミスをして批判されることもあります。

つまり、**決断力を高めるために欠かせないのは、システマティックに意志決定できる「決断のルール」を決めて決断で生じる負担を減らすこと**です。

「決断のルール」に照らし合わせて決めることで、ストレスを感じずに物事を決められるようになり、脳の負担が軽くなる。すると、決断疲れが起きにくくなり、**決断ミスを減らすことができる。**さらに、**システマティックに意志決定できるから、決断の**

スピードはおのずと速くなる。

これが、あなたの決断力が向上する仕組みです。

そのためにまずご紹介したいのが **「クネビン・フレームワーク」** です。

聞き慣れない単語ですが、これは「カオス理論」を応用した、決断の迷いを減らす枠組み。アメリカのDARPA（米国国防高等研究計画局）など、高度な意志決定を必要としている機関が採用し、実際に成果を出している手法です。

ちなみに、DARPAは軍隊が使うための新技術開発および研究を行うアメリカ国防総省の機関で、人類最高の発明のひとつであるインターネットの原型や、ほとんどのスマホに搭載されているGPSなどを開発してきました。

そう聞くと、「クネビン・フレームワーク？　難しいんでしょう？」と思うかもしれません。でも、安心してください。ベースには複雑な科学的理論が駆使されていますが、**実際に私たちが使える、非常にわかりやすい枠組み**になっています。

シンプルでいて、効果的。でも、科学の叡智が込められている。最高ですよね。

▼「今日のランチ」と、「デートの食事」の決断は同じでいいか？

私たちは、同じ種類の決断をするときでも、状況によって無意識のうちに対応を変えています。

たとえば、ランチを食べるとき。通いなれた社員食堂やカフェでAランチかBランチかを選ぶのに、長時間頭を悩ませる人はいませんよね。せいぜい「昨日は肉だったから、今日は魚」「野菜をとりたいから、Bランチ」など、サクッと決められます。

でも、気になる人との初めてのランチデートとなれば、どうでしょう。「相手の好みに合いそうな店は……」「ゆっくり話せるようにコースにしようか、かしこまりすぎで緊張させちゃうかな」など、同じくランチを決めるだけなのに、多くの材料を比較し、迷うはずです。

あるいは、通い慣れた取引先の担当者と会うとき、改めて「何から話そうかな……」と悩むことはありません。でも、初めて訪れる客先ではどうアプローチするかシミュレーションするでしょうし、通い慣れた取引先の担当者が相手でも、トラブル対応時には「何から切り出そうか」と考えを巡らせるのではないでしょうか。

つまり、**「状況」によって、「決断」は変わる。**

それなのに、「状況」によって「決断する方法」を変えないから、不安になったり、慎重になったり、迷ったり……するわけです。

そこで、**決断の前に自分を取り巻く状況がどういうものかを観察して、それに合わせた決断方法を選ぶために考え出されたのが「クネビン・フレームワーク」なのです。**

「クネビン・フレームワーク」は、あなたの直面している状況を

▼「やるべきことがわかっているけど決断できない（単純＝simple）例：ダイエット」
▼「どの選択肢が一番いいかを決断できない（面倒＝complicated）例：引っ越し、転職」
▼「予測できないことだから決断できない（複雑＝complex）例：投資、結婚」
▼「答えがないから決断できない（混沌＝chaotic）例：ずっとこの人生でいいのか？」

の4種類に分類し、その場、その場で最善の決断が下せるよう導く仕組みです。

この「クネビン・フレームワーク」の何が優れているか。それは、**「いま自分が直**

面している状況が、単純なのか、面倒なのか、複雑なのか、混沌なのか」がわかり、どの決断のルールを使うとスムーズに意志決定できるかがわかるところです。

自分がどんな状況で決断を迫られているのかを客観視せず、闇雲に決めようとすると、脳が受けるストレスは強くなります。すると、それだけ決断疲れが進み、決断ミスをしてしまう可能性が高くなるのです。

クネビン・フレームワークは、あなたの決断のスピードを上げ、ミスを減らす助けとなり、決断力を高めてくれるのです。

使わない手はありませんよね。

ではさっそく、クネビン・フレームワークが分類してくれる、４つの決断の状況についで解説していきましょう。

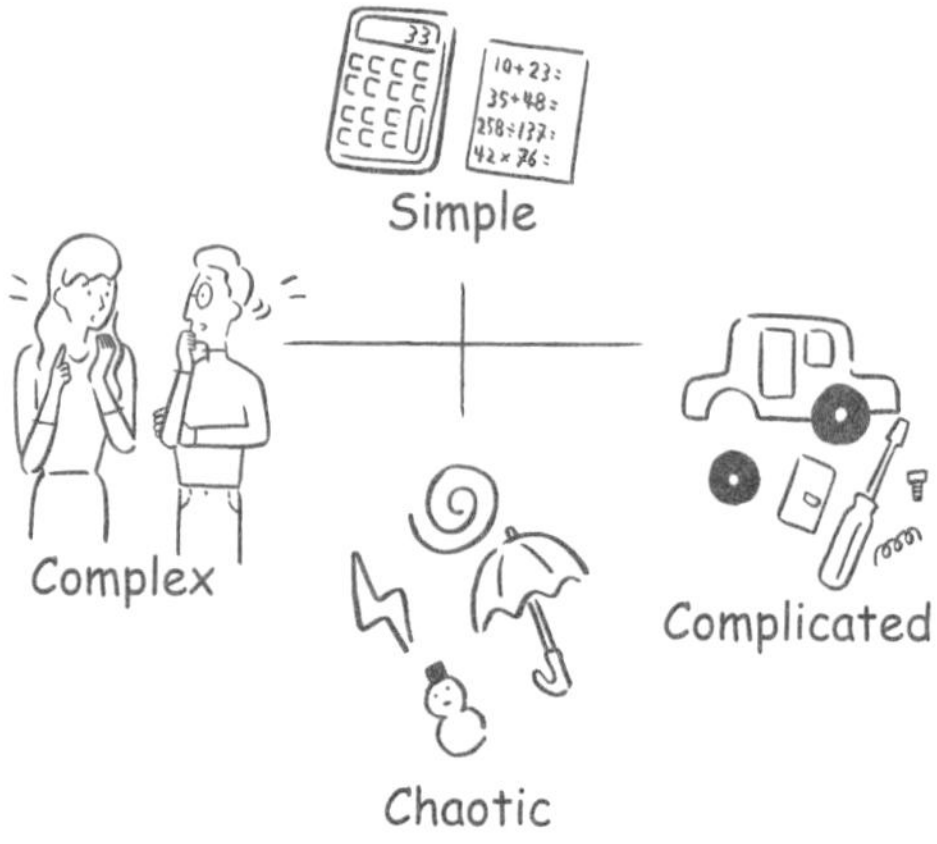

▼ダイエットで悩んでいるなら「単純（simple）」

やりたいこと、やるべきこと、したいこと、しなければならないことが明確な状態にあるとき、決断の状況は「単純（simple）」に分類されます。

単純（simple）の例

▼日課になっているジョギングを続けるか、休むか
▼提出する報告書を早めにやっておくか、ギリギリまで放っておくか
▼些細なケンカの後、彼氏、彼女に先に「ごめん」と言うか、言わないか
▼後輩のミスを指摘するか、黙ってフォローするか
▼英会話のスクールに行くか、休むか

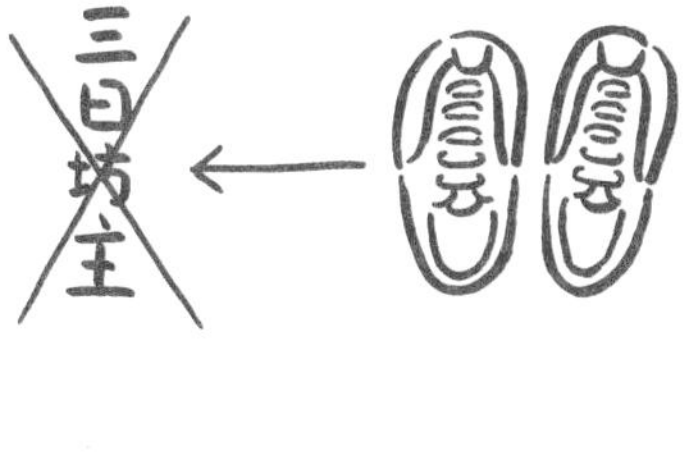

たとえば、先程の昼休みに通い慣れた店でランチを食べるときや通い慣れた取引先の担当者と会うときは、単純だからこそ、迷うこ

となく行動に移ることができるのです。

議論の余地がないくらい状況が明確なのに迷っているとしたら、それは怠慢からくる先送り。内心、やるべきこと、しなければならないことはわかっているはずです。

そのわかりやすい例が、ダイエットです。

さまざまなダイエット法がありますが、ダイエットの王道は食習慣を変えて、運動すること。摂取カロリーを減らし、代謝を上げるために体を動かす量を増やす生活習慣を継続すれば、誰でも確実に体重を落とすことができます。

やせるための食習慣、運動習慣のどちらも、本人が「やる」と決断すれば、すぐに実行可能です。

しかし、「好きなものを食べたい」「運動するのはきつい」と思ううち、気づけばダイエットしたいという動機そのものが薄れてしまうケースが多々あります。でも、これは決断に慎重になっているからでしょうか?

違います。

客観的に見れば、これは迷っているのではなく、単なる**決断の先延ばし**です。

原因が明らかで、取るべき対処法もわかっている「単純」な状況では、問題を把握したら対応すればいい。これを「ベストプラクティス」と言いますが、決めて動けば、悩みや問題はすばやく解決に向かいます。

クネビン・フレームワークでは、「単純」を「安定的で、因果関係が誰の目にも明らかな状況。同じパターン、同じ出来事がくり返される。通常は対処法も自明なので、議論の余地がないケースが多い」と定義しています。

つまり、**「単純」な状況では、「やるか、やらないか」の決断のルールを設定すれば、自動的に意志決定ができる**のです。

その際、役立つ決断のルールの自動化の進め方、活用の仕方については、第3章で詳しく紹介します。

▼仕事上の決断に使いやすい「面倒（complicated）」

「面倒（complicated）」は4つのクネビン・フレームワークの分類の中で、私たちが日常的にもっとも多く遭遇している決断の状況です。

私で言えば、「Dラボ―メンタリストDaiGoの心理学徹底解説」の会員を増やしたいと考えたとき、さまざまな可能性が思い浮かびます。

▼「Twitterでつぶやく回数を多くしたら？　会員登録が増えるかもしれない」
▼「YouTubeで質疑応答の放送を続けたら？　増える傾向は出ている」
▼「ほとんど使っていないInstagramに力を入れる？　ある程度は増えるはず」
▼「新しいサービスのClubhouseは？　自分に向いている感じが強いけど、Dラボへの影響はあるだろうか？　試してみないとわからない」

もちろん、どの手段であっても、アクションを起こせば、会員数は多少なりとも増えるでしょう。しかし、**どれが一番効果的なのか**は、どうすればわかるのでしょうか。アプリやSNSそのものの流行り廃りなどの環境要因も含めて、不確定要素も多い。でも、もっとも効率のいいものを探して決断したい。

これが「面倒」の「原因と結果の間に関係があることはわかっているものの、正解がはっきりわからず、複数の選択肢の中でどれを選ぶべきか迷ってしまう状況」です。

「これが良さそう」「こっちじゃないかな」と思える選択肢が複数ありながら、決め手に欠けたり、試してみなければわからなかったり、いくつかを融合させたほうが良さそうに見えたりなど。**仕事上で生じる決断の場面は大抵この、クネビン・フレームワークの「面倒」な状況に当てはまります。**

面倒（complicated）の例

▼どうすれば新規のプロジェクトがうまく進むだろうか？

▼取引先のキーマンとうまくやっていくためにはどうしたらいいだろう？

▼引っ越しを考えているけど、賃貸と購入のどちらが得なのだろう？

▼出会いがなくて悩んでいる。偶然を待つのではなく、アプリなんかも試してみるべき？

▼勝負のかかったデート。どんなデートコースにしたら盛り上がるだろう？

▼転職で悩み続けてしまう、本当の理由

たとえば、転職に関する決断も「面倒」な状況であることがほとんどです。転職したいと思っても、いろいろな判断要素があり、なかなか決断できません。

「この会社は待遇が良い」「この業界はやりがいがありそう」「別の業種だけど、これから伸びていく会社だと思う」「独自性があるから長く勤められそう」「話すのが好きだから、接客業がいいかもしれない」「同じ業界だけど、あの会社は福利厚生がしっかりしているのが魅力」など、抜きん出るほど好条件の会社はなく、でも、メリット・デメリットに少しずつ違いがあり、決定打に欠けている状態。

クネビン・フレームワークでは「面倒」を「因果関係は見つかるが正解がはっきりせず、適切と思われる解がいくつもある。いくつもの選択肢を検討する必要があり、場合によってはその多くが有望に見える」と定義しています。

対策として、専門知識を持ったプロの分析や評価を調べる、専門家のアドバイスを

参考にすることを勧めています。

「単純」な状況では、素人でもベストプラクティスを見出すことができました。しかし、状況が「面倒」に当てはまるとき、最善と言える決断を下すには専門知識が必要になってくるわけです。どうやってプロの知識を借り、豊富にあるデータを活用していけばいいのか。その具体的な手法については、第3章で詳しく解説します。

▼どうすればコロナを抑えられるか？を考えるのに使える「複雑（complex）」

「複雑（complex）」は、判断のベースになるはずの因果関係が安定せず、変化する可能性が高い状況です。

たとえば、2020年から続く新型コロナウイルスの感染拡大。ようやくワクチンの接種も広がり、出口が見え始めたように思えます。しかし、○○をすれば感染拡大が収束するという明確な答えはまだありません。

公的対策を立てる業務の人にとっては、まさに「複雑」な決断の状況です。

人々の移動を自粛してもらい、経済活動を犠牲にしながら感染拡大を抑え込むのが正しいやり方なのか、ワクチンを使いながら集団免疫の獲得を待つのが正解なのか。

一定の感染は今後もあると考えて国家間の移動も解禁して、経済を回したほうがいいのか。

まだエビデンスが蓄積されていない以上、専門家の意見も分かれたままです。

このように、理想的な解は見えているものの、どうすればその結果が得られるのかがわからず、前提となる状況も流動的に変化するのが「複雑」の特徴です。

複雑（complex）の例

▼投資で確実に儲けを出したいけど、どうしたらいい？

▼独立して飲食店を始める。完璧な立地はどこ？

▼そろそろ幸せな結婚をしたい

▼自分の夢を追いかけるため、暮らし方を変えたい

▼コロナ後に成功するビジネスプランを提出しろと言われたが……

複雑な状況はコロナ禍のような未曾有の事態に限らず、以前から私たちの生活に近い場所でも生じてきました。

個人で株式投資をしている人、特にデイトレードを行っている個人投資家は「複雑」を身近に感じられるはずです。

基本的に私たちは未来の予測ができません。アナリストと呼ばれる人たちは専門知識を活かし、株価を予測しますが、その正確性は「ランダムウォーク理論」でほぼ否定されています。

有名なのは「猿のダーツの実験」です。**株式投資をする際、新聞の株式欄を目がけて目隠しをした猿にダーツの矢を投げさせ、命中した銘柄を購入。その成績は、株式トレーダーがさまざまな手法を駆使した場合と大差ありませんでした。**

ある時点から過去を振り返れば、「コロナ禍で巣ごもり需要が増えたから」「大統領選挙の結果を受けて」「日銀による追加の金融緩和策が発表されたから」など、値動きの理由を後付けすることができます。

しかし、株価を正確に予測することはできず、デイトレードを行っている人は「複雑」な状況下で偶然の勝ちと負けを追いかけているのです。

▼結婚や独立など、予測できない問題を、どう決断するべきか？

考えてみると、**結婚や独立といった人生の大きな決断を前にした状況もまた「複雑」だと言える**でしょう。

結婚をぼんやりイメージしたとき、ほとんどの人は「幸せな結婚生活」を望むはずです。また、独立するなら、今よりも好きな仕事で豊かな生活を手に入れたいと考えるのではないでしょうか。

そこで、問題となるのが「幸せ」や「好き」や「豊か」の定義です。あるいは、夢の実現の「夢とは？」と言い換えてもいいでしょう。

どんな人と一緒になったら、幸せな結婚生活が送れるのか。「豊かさ」とは金銭的なものなのか、時間や行動の自由なのか。夢を思い描いているだけで幸せなのか、実現させたいと強く望んでいるのか。

このような人生の大きな決断で失敗したくなくて、人は悩み続けてしまいます。

しかしじつは、このような**決断をするとき、その時点で正解を出すことはできませ**

ん。なぜなら、私たちの考えや価値観は状況に応じて変化していくものだからです。

まさにこれは「複雑」な決断の状況で、ワクワクする一方で、予測が立たず不安にもなります。結婚前にマリッジブルーになるのも、結婚した後のことを真剣に考え、その予測のできなさや、選択肢の多すぎる状況にストレスを感じるからです。

こんなふうに、予測しづらい決断をするときは、ぜひこの方法を使ってみてください。クネビン・フレームワークでは、「複雑」な状況を「流動的で予測ができず、適切な解が存在しない。さらに何がわからないのかもわからず、そこで生じた出来事の因果関係は後になるまでわからない」と定義しています。

じつは、**「複雑」は解決不可能な状況ではありません。**

研究チームは「失敗してもかまわないような実験をいくつか行い、状況を解決するようなパターンが創発してくるのを待つのが最適な行動となる」とアドバイスしていて、試しながら最善だと思える決断につなげていくよう提案しています。

失敗してもいいので試してみること。

いくつか試しながら、いいアイデアが出るのを期待すること。

その際の判断の軸となる自分の価値観を見直すこと。

その具体的な取り組み方については、第3章で詳しく解説していきます。

▼答えのない問題にぶちあたったときの解決法とは？

「複雑」をさらに一歩後退させた、原因と結果の因果関係もよくわからず、最適な答えもない状況が「混沌（chaotic）」です。

「ある都市の空を飛ぶ蝶の羽ばたきが、別の都市の嵐の原因となる」

あなたも見聞きしたことがあるかもしれませんが、これはカオス理論の象徴的な例として使われる「バタフライ・エフェクト」の説明です。

「蝶の羽ばたきが嵐を？　そんなわけない！」と否定したくなる一方、「もしかしたらありえるのかも……」とも思わされます。「混沌」はまさにそんな状況で、そこに立たされたとき、私たちは何を根拠に決断していけばいいのかわからなくなります。

因果関係がなさそうに見えて、あるかもしれないと迷う気持ちも捨てきれない。説明できそうな現象ながら、関わる出来事が多すぎて説明できない。

そんなときに、どう決断すればいいのでしょうか。

そして、「面倒」や「複雑」との最大の違いで、問題をより厄介にするのは、「混沌」の状況では、あなたが自分でコントロールできる要素がほとんどないことです。

また、「複雑」な問題がいくつか絡み合っているのにもかかわらず、瞬時の意志決定を求められているような状況も「混沌」だと言えます。決めなくてはいけないことが多すぎるけれど、1つ1つが「複雑」で対処できない。そんな厳しい状況です。

混沌（chaotic）の例

▼一度は結婚してみるべき？
▼地震、疫病、新型ウイルスに巻き込まれない生き方は？
▼イベント当日に晴れてほしい
▼どんな仕事をすれば幸せになれるのか？　そもそも仕事は必要なのか？
▼子どもが幸せになれるように、最高の導き手でいたい

たとえば、**コロナ禍で私たち一人ひとりがどう対処していくか。これは、行政側の意志決定以上に複雑です。**

仕事への対応、家庭での対応、夫婦間、家族間での意識の違い、ワクチンが接種できるようになったとしてすぐに受けるかどうか、我慢しなければいけないことの増加によるストレスをどう処理していくかなど、「複雑」な問題がいくつも絡み合います。そして、それでも毎日は続いていくので小さな決断をいくつも下さなければなりません。

まさに「混沌」とした状況です。しかも、下した小さな決断が正しいものだったかどうかは時間が経たなければわかりません。

あるいは、結婚や独立といった決断も、それがリアリティのある選択肢として浮上していれば「複雑」な状況に分類できますが、「そもそも結婚したい、したくない？」「独立って、あり、なし？」とぼんやりした自問自答の段階では「混沌」です。

▼この問題は、後から説明がつくか？つかないか？

もし、あなたが今、直面している状況が「混沌」か、そうでないかを見極めたいのなら、過去の自分の失敗や後悔している決断を振り返ってみてください。**「あのとき、こうすれば良かったんだな」「もっと別のやり方があったな」と明確に他の選択肢が思い浮かぶ場合、それは「面倒」か「複雑」な状況**での失敗です。

一方、**「なんであんなことになったのか、今でもわからない」「何も悪くなかったはずなのに、結果につながらなかった」など、失敗の原因や法則性が見出せない場合、それは「混沌」とした状況**での決断だったと言えます。

この分類の仕方を踏まえた上で、あなたが今、直面している状況を見直してみましょう。仮に何らかの決断をして、行動に移した後、その選択の明確な理由や動機が説明できそうですか？　ノーなら、あなたはまさに「混沌」の中にいます。

クネビン・フレームワークでは「混沌」を「因果関係がはっきりせず、適切な解を探しても意味がない。コントロールできるパターンも存在しない。数多くの意志決定を下す必要があり、考えている余裕もない」と定義しています。

答えを出すのは難しそうですが、それでも、生きていれば答えの出ない問題に直面する場面がやってきます。そんなとき、私たちはどうすればいいのでしょうか。

研究チームはその対策として、「当てはまるパターンを探すよりも、ダメージを最小限にすることを心がける。せめて何が安定し、何が安定していないのかを把握し、『混沌な状況』を『複雑な状況』に移行させた上で、何らかのいいアイデアが浮かぶのを待つ」と提案しています。適切な答えを探して足踏みするよりも、とにかく行動を起こしながら実効的な手段を見つけていきましょうということです。

答えの出ない問題に直面したとき、どう決断していけばいいのか。そのための手法は第4章で詳しく解説していきます。

▼「決断のルール」があれば、最高の決断ができる

単純、面倒、複雑、混沌。

ここまで「クネビン・フレームワーク」による決断の状況の4つの分類について紹介してきました。

そして、第2章以降ではあなたの決断力を高め、その場、その環境に応じて最善の決断を下せる状態を作っていくための決断のルールをいくつも紹介していきます。そ

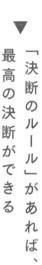

の目的は、ここで分類した4つの決断の状況を次のように変化させていくことです。

▼「混沌」を「複雑」に
▼「複雑」を「面倒」に
▼「面倒」を「単純」に

決断に関する知識と実践の経験が増えると、同じような状況でも意志決定にかかる負荷が減っていきます。

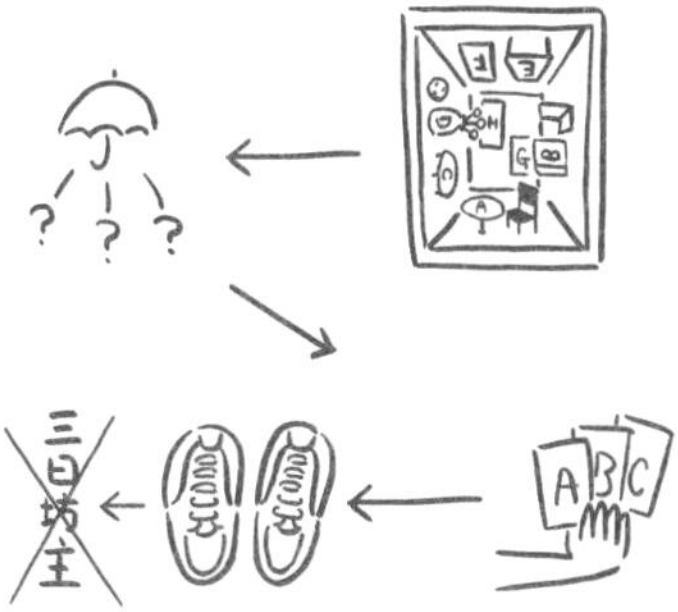

たとえば、株式投資に関する知識がほとんどない人にとっては、初めて株や投資信託に投資する決断は「複雑」な状況そのもの。でも、ある一定期間、投資を続け、利益を得ることも、損失を出すことも経験した後であれば、新たな銘柄選びは「面倒」ではあるものの、決められない状況ではなくなるはずです。

このように、どうすればいいのか見当もつかない状況の「混沌」を試行錯誤によって「複雑」に移行させ、仮決めで行動し、学びながら「面倒」にする。
決断のルールをあなたの中に増やしていくことで、4つの決断の状況を1ステップずつ軽くしていくことができるのです。

ただし注意しておきたいのは、一足飛びで**「混沌」を「面倒」にしたり、「複雑」を「単純」にしたりするショートカットはできない**ということ。

焦らずに、その状況に見合った決断のルールを学び、実践すること。そのくり返しで知識と経験の量を増やしていき、決断の状況をより負荷の軽いステップに移行させていくこと。これが決断力を高めるための本書での原則となります。意志決定にかかる負荷が軽くなれば、それだけ決断のスピードが上がり、ミスも減るからです。

ただ、うまく決断できるようになってきたからと言っても、そこがゴールではありません。初めて経験する出来事を前にすると、「面倒」が「複雑」に、「複雑」が「混沌」になってしまう現象が起きるからです。

また、「混沌」を「複雑」に落とし込むことができたと思ったのに、決断がうまくいかず再び、「混沌」に……と行ったり来たりする展開も多々あります。

そんなときは、どうすればいいのでしょうか。

▼難しい決断を助けてくれた「問い」

私の経験を題材に解説しましょう。

数年前から、メンタリストとしてのテレビへの出演をやめました。この決断も、**最初「混沌」そのものの状況で迷い、そこから「複雑」「面倒」「単純」と1つずつステップを軽くしていき、「やめる」と決めることができた**のです。

大学在学中からパフォーマーとしてテレビに出演するようになり、ある程度の人気も出て多くの番組に呼んでいただけるようになりました。しかし、どの現場でも確実な結果を求められ、気づくと私はそのプレッシャーに苦しめられるようになっていったのです。

また、テレビ業界特有の人間関係にも慣れず、どうしてここまでストレスを感じながら我慢して仕事をしなければいけないのか？　と悩んでいました。

当時を振り返ると、仕事の面ではまさに「混沌」の中にいたのです。

そもそも自分がどういうふうに生きたいのかがわからない。仕事とどう向き合いたいのかがわからない。将来、どういう状態になりたいのかもわからない。

我慢してテレビに出続けるべきなのか、それともビジネスの世界に転身するべきなのか、大学に戻って研究職を目指すべきなのか。どれが自分の幸せに結び付いていくのかがわからないので、最善の決断を下すこともできません。

そこで考えたのが**「今、絶対に必要なものは何か?」という問い**です。

出てきた答えは、何のロマンもないですが「お金」でした。就職はせずにパフォーマーになり、この先、どういう決断をするにしても、お金を安定して稼げるようにならないと自由は手に入らない。そう考えると、このままパフォーマーを続けていても飽きられたら仕事はなくなり、みじめな人生になることが見えました。

じゃあ、どうすればいいか? ここで状況は「混沌」から「複雑」に移行。周囲からは迷走しているように見えたかもしれませんが、失敗してもかまわないので……と、自分にできる稼ぐ方法を試していきました。

テレビには出続けながら、本を出し、講演を引き受け、ディナーショーをやり、

YouTubeを始め、ニコニコ動画を試し……ひたすら「自分が一番稼げる方法はどこにあるのか？」という実験を続けたわけです。

その結果、どうやら、心理学の解説が向いていることが見えてきました。

ここで状況を「複雑」から「面倒」に移行させられました。次に、心理学の解説で稼ぎ、生きていくためには、どんな仕事をすればいいのだろう？　と考えました。

テレビのコメンテーターなのか、講演家なのか、作家なのか、あるいはネットでの配信なのか。ここから、今につながるニコニコ動画の番組が生まれ、自宅の書斎からiPhone1台で配信するスタイルが確立されました。

ここに至るまでもスタッフを雇い、機材にこだわり、カメラを増やし、照明に凝り……といった小さなトライ&エラーはくり返しています。**結果、最終的に今の私は、仕事に関して「単純」な状況を作ることができています。**

好奇心と自由を決断のルールに、本や論文を読むことに多くの時間を割きながら、ストレスのかかる交渉事は極力少なくし、心理学を使った解説の配信をメインに生きています。私を信頼してくれる一定数のフォロワーに支えられ、自分にとってもっとも収益の上がる状態を作ることができました。

やりたいこと、やるべきことの軸を定めた上で、実験をして絞っていく。この結果、今の自分を作る決断ができたのです。

もちろん、この先、また状況が「単純」から「面倒」、「複雑」に変化することもあるでしょう。でも、**すでにいくつかの強力な決断のルールを持っているので、以前よりもはるかにうまく対処できるはず**です。

そういった意味でも、クネビン・フレームワークを知り、自分を取り巻く状況を客観視する感覚を持っておくことが決断をスムーズにするのに役立ちます。**自分は今、どの状況に立っているのかがわかれば、それだけで適切な対応ができる確率も上がる**からです。

決断するときは、今の自分の状況を「4つ」に分けて考える

第2章

決断麻痺を引き起こす「5つの罠」

脱・完璧主義が決断のスピードを上げる

▼決断を先延ばしにしてしまうのはなぜ？

「決断麻痺を引き起こす『5つの罠』」。なんだかおどろおどろしい章タイトルですが、最初にいくつか質問を用意しました。あなたが日頃、物事を決めるとき、当てはまる点はないかどうかチェックしてみましょう。

▼何かを始めるとき、準備が整わないと安心できない

▼選択肢がいくつかあると、「あれもいいし、これもいい」と思う

▼最初にいいと思った案に決めることが多い
▼決断するとき、「まわりの人はどう思うかな？」と考えてしまう
▼決められなくて先延ばしにしてしまうことがよくある
▼仕事の成果を100点満点で評価されるなら、常に100点を目指したい
▼失敗する確率が3割以上あれば、現状維持を選ぶ

2つ以上、心当たりがあるなら、あなたにも決断麻痺を引き起こす「完璧主義」の傾向があります。

完璧主義の傾向がある人は、アウトプットの質の高さや責任感のある態度から職場や学校、家庭など、所属するコミュニティで信頼を集める存在となります。ただ、決断をする場面では、完璧を求める思考がデメリットとなってしまうのです。

たとえば、決断を先延ばしにしてしまいがちな人、周囲の期待や指示がないと何から行動し始めたらいいかわからなくなってしまう人には、完璧主義の傾向があります。完璧を求める責任感の強さ、理想の高さ、失敗を恐れる気持ちが、決断力を鈍らせ、物事が決められない原因になっているのです。**しかも、完璧主義は第1章で紹介**

した「クネビン・フレームワーク」の4つの決断の状況すべてに悪影響を与えます。

▼「単純」な状況なのに、決められず悩んでしまう
▼「面倒」な状況なのに、完璧な準備を求めてしまう
▼「複雑」な状況なのに、細かく分析して問題をすべて把握しようとしてしまう
▼「混沌」な状況の不完全さを前にして、パニックに陥ってしまう

つまり、**4つの決断の状況に合わせた「決断のルール」を学ぶ前に、完璧主義の傾向を遠ざける対策を行うほうが、長期的に見てあなたの決断力の向上につながる**のです。それをお伝えするのが、この第2章です。

▼「熟考」と「コイン投げ」、どちらの決断がうまくいくか?

私の考える完璧主義の傾向が強い人の特徴は、「準備には完璧がある。準備が完璧だから手に入る結果が完璧になる。そう確信してからしか行動しない」ところです。

また、完璧主義の人は責任感が強い分、「成功させなくては」「結果を出さなくては」「周囲を納得させなくては」と自分を追い詰めすぎてしまいます。そのストレスを遠ざけるため、そして自己否定となる結果を恐れるため、「まだ準備が整っていないから」「あの人の意見も聞いてみないと」「じっくり考えて決めたいから」など、無意識のうちに物事をスパッと決めることを避けるのです。

その結果、**完璧主義の傾向がある人は物事が決められない優柔不断な人に見られてしまい、損をしています。**

少し極端に書きましたが、これで「なぜ、完璧主義が決断のブレーキになるのか」がはっきりしたのではないでしょうか。

どれだけ入念に取り組んだとしても準備が完璧に整うことはありません。想定外の事態が起きてしまうのが、世の中です。特に、**自分以外の誰かと関わる仕事をしている以上、完璧に状況をコントロールすることはできません。**

恋愛で例えるなら、完璧主義はいつ現れるかわからない白馬の王子様の登場を待ち続けるようなもの。非現実的な夢を描き続けるよりも、身近にある出会いを大切にしていったほうが幸せに近づきます。

成功するために、「完璧主義」よりも有益なのは、ある程度の準備が整ったら行動に移り、そこから改善を積み重ね、自分が望んだ結果に近いところにたどり着く「最善主義」の考え方です。


統計学の研究では、2つの選択肢があったとしてどちらを選んでも良さそうに見えるとき、**熟考した場合とコインを投げて表裏で決めてしまった場合で、結果に大きな違いは生じない**ことがわかっています。

大切なのは、行動した結果を受け止め、そこから何を学び、次に活かしていくのかです。ところが、完璧主義の人は動きません。動かなければ経験値は増えず、決断の精度はいつまでも増していかないわけです。

あなたが決断力をアップさせたいと考えているなら、自分

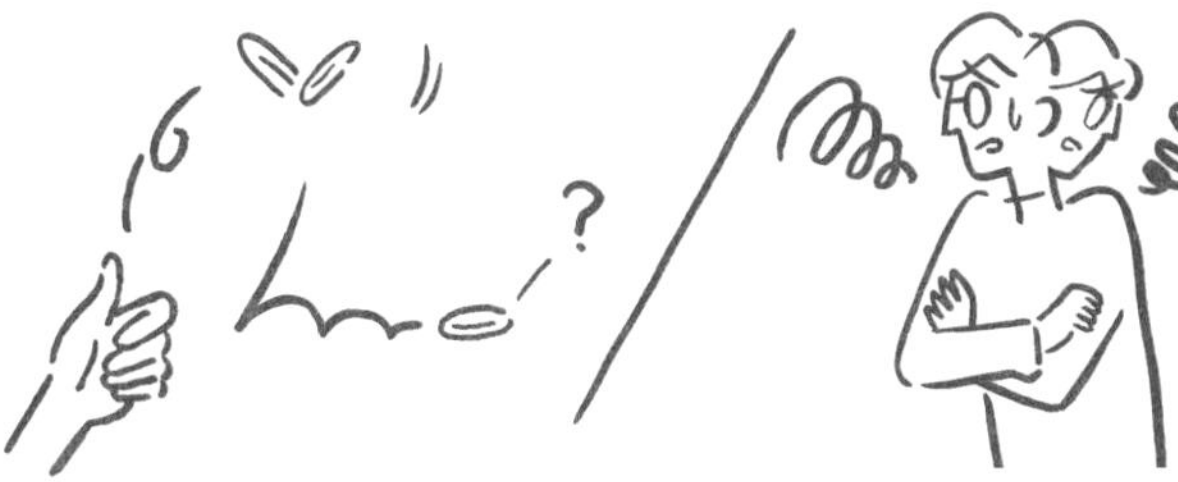

の中にある完璧主義を解きほぐすよう心がけていきましょう。決断前の優柔不断、先延ばし。その背後に潜む完璧を求める心理。

これから、**決断のブレーキとなる完璧主義をなくす方法**を紹介していきます。

▼完璧主義者がハマる5つの罠

完璧主義が決断に与える影響の先行研究をレビューし、まとめたのが臨床心理学者のアリス・ボイス博士です。

先行研究のレビューとは、過去に発表された同テーマの研究論文を複数集め、比較し、結論をまとめていくという方法。ボイス博士は、完璧主義によって決断ができなくなってしまう現象や優柔不断になってしまう人の心理などを調べた研究をまとめ、**完璧主義者が陥りやすい5つの罠を明らかにしました。**

つまり、この5つの罠を知り、そこに陥らないよう心がければ、完璧主義の傾向に流されず、最善主義で物事を決めることができるようになるのです。

さっそく見ていきましょう。

完璧主義者がハマる5つの罠

- 罠1 悩みすぎて決断ができない
- 罠2 サンクコストに注目してしまう
- 罠3 挑戦しない
- 罠4 周囲から嫌われる
- 罠5 失敗を引きずる

ちなみに、**完璧主義者はすべての面で完璧を求めるわけではありません。**

仕事では完璧主義でも、プライベートではおおらか。自分には完璧を求めるのに、人間関係ではそうでもないという人もいれば、逆に他人には厳しく、自分には激アマ。失敗できないと思った瞬間に完璧主義のスイッチが入るタイプもいます。

このように部分的に完璧主義が顔を出すケースも多々あるので、5つの罠を知っておくことは「あ、今、完璧主義の傾向が出ているな」と気づく助けになってくれるの

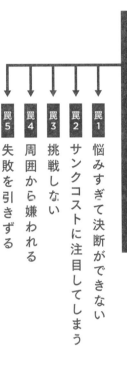

です。

たとえば、**いつもと違ってうまく決められずにいるなと思ったとき、これから解説する5つの罠をチェックすると「これが当てはまっている。ということは、今、決められずにいるのは完璧主義に陥っているからかもしれない。まずは60点でもいいから試してみることができる選択肢を選んでみよう」と軌道修正できます。**

読み進めて理解するのと併せて、5つの罠をリスト化してスマホのメモなどに保存し、優柔不断になっているかも？ といった場面で参照するのをお勧めします。

完璧主義の

罠1

悩みすぎて決断ができない

1つ目は、すでに触れてきた「悩みすぎて決断ができない」という罠です。

完璧を求めすぎるために意志決定が停滞。最高の決断をしたいと思った瞬間、あれもこれも足りないと悩み始め、何も選べなくなってしまうのです。

じつはこれ、普段は完璧主義者ではないのに、本人のこだわっているジャンルに関してだけ顔を出してしまうケースがあります。

たとえば、**私は日頃、何かを決断するとき、選択肢をいくつか用意して自分の価値観に照らし合わせながら比較検討してベターなものを選ぶ、「最善主義」を大事にしています。**ところが、自分のこだわりのあるジャンルに関しては無意識のうちに、完璧主義者になってしまうことがあるのです。

とても身近な例ですが、先日、キッチンで使うペーパータオルを買う機会がありました。ペーパータオルです。吸水性が高く強いにこしたことはありませんが、最低限、水分を吸い取ってくれれば用は足ります。

でも、料理が興味の対象になっていることもあり、「一番使いやすいペーパータオルはどれだろう?」と思い始め、ネット検索で完璧な一品を探してしまったのです。

もちろん、ここで勘違いしてはいけないのが、選択肢について調べるのは悪いことではないということ。むしろ、決断の精度を高めるために必要なステップで、調べた上で「自分はフライパンの油をふき取るのにペーパータオルを使うことが多いから、油を吸い取る能力が高いヤツにしよう」と決められれば、効果的です。

しかし、そうした軸を持たずにただただ「こっちの商品は値段が安くて枚数が多いけど、こっちは耐久性があると評判で、これは吸水力が魅力なのか……」と検索し続け、「どれにしようか迷っちゃうな。全部揃っているベストなヤツないの？」となってしまうのが、完璧主義の罠①で起きる現象です。

私の場合、そこで、ふと「あれ？　今、悩みすぎている？　完璧主義に陥っている？」と気づき、罠から脱しました。**最高の決断ではなく、自分が必要としている油を吸い取る能力の高いペーパータオルを買う最善の決断をしよう、と冷静になって決める**ことができました。

これは日常での些細な一例ですが、悩みすぎて決断できなくなっている自分に気づけたら、**「今の自分は最高の決断、完璧な選択を目指した結果、悩み、迷っていないだろうか？」**と自問自答しましょう。

すると、必要十分な選択肢が見えてきて、完璧主義から抜け出した決断が下せるようになります。

完璧主義の

罠2

サンクコストに注目してしまう

2つ目は、「サンクコストに注目してしまう」です。

サンクコストは「埋没費用」とも呼ばれる会計用語で、すでに費やしてしまい、もう戻ってこない費用や労力、時間のこと。完璧主義が顔を出したとき、私たちはサンクコストに意識が向いてしまい、合理的、論理的な決断を下せない罠に陥ってしまいます。

たとえば、ネット配信サービスで最新映画を購入。見始めたとしましょう。最初の20分で自分の趣味に合わない作品だと気づいたとして、あなたはどうしますか？

その時点で見るのを止め、別の作品という他の選択肢を探したり、別の余暇の過ごし方としてゲームを始めたり、本を読んだり、飲みに出かけたり、あえてつまらなさ自慢のために最後まで観ようと決めたり……できるのが、通常モードでの決断です。

でも、完璧主義の罠でサンクコストに目がいっていると、「せっかく購入したのだから最後まで観よう」「この先、おもしろくなるかもしれない」と映画を見続ける選択にこだわってしまいます。

上映時間2時間の映画に対する決断であれば、失うものもそう多くはありません。しかし、投資でサンクコストを気にして決断が鈍ると大きな痛みを伴う結果になります。

たとえば、FXを始めたときはどうでしょう。

最初に100万円を投資。ところが、損失が増え、このままでは100万円の損が出てしまうかもしれないとなったとき、それを取り戻すために虎の子の貯金200万円を投入してしまう。

最初から300万円でハイリスク・ハイリターンを狙うと決めていたのなら、サンクコストとは関係のない決断（それもリスキーですが）と言えます。ところが、**損失となることがほぼ確定した100万円のために、さらに200万円を危険にさらすのはサンクコストを意識するあまり意志決定が歪んでしまっているから**です。

責任感が強く、失敗を許容できない完璧主義者ほど、サンクコストに注目してしまいます。過去の自分の過ちを認められず、それを払拭して完璧な結果を目指そうとするのです。

これは粘り強さのようにも見えますが、見方を変えれば失敗をいつまでも引きずる傾向でもあります。2時間つまらない映画を観た後に、その時間を取り戻すことはできません。ましてや、リスクの高い投資で100万円失ったとして、その失敗を糧に研究しないまま、さらに資金を投じても損失を取り戻すことはほぼ不可能でしょう。

客観的に見ればすぐに気づける因果関係が、回収不能な過去へのこだわりによって見えにくくなってしまうこと。それが完璧主義によって引き起こされる「サンクコストに注目してしまう罠」です。

過去に目が行き、今の意志決定能力が削がれ、決断力が低下してしまう。先延ばしするだけならまだしも、決められないことが不利益につながってしまうのはもったいないことです。意志決定の際、過去の小さな失敗にこだわり続けている自分に気づいたら、それは「サンクコストに注目してしまう罠では」と疑ってみてください。

完璧主義の

罠3

新しいことに挑戦しなくなる

3つ目の罠は「新しいことに挑戦しなくなる」です。

まさに先程、定義した「準備には完璧がある。準備が完璧だから手に入る結果が完璧になる。そう確信してからしか行動しない」状態。この傾向は、特に新しいことにチャレンジするときに強く表れてしまいます。

▼新規事業を行う部署への異動の打診
▼違う業種への転職のチャンス
▼独立する知人からの「一緒にやらないか」という魅力的なオファー
▼掘り出し物と言える好条件の物件の購入のチャンス
▼資産運用の本で知った、将来プラスになりそうな投資信託への投資

新たなチャレンジの機会は、さまざまな場面でやってきます。そこで完璧主義者は、完璧な準備をすることにこだわるあまり、チャンスを逃しやすい傾向があります。

昇進、転職、独立、人生を彩る趣味、住環境の向上、資産の充実などにチャレンジする機会が訪れたとき、新しいことに挑戦しなくなる罠によって**現状維持を選んだことが、目に見えないダメージとして蓄積されていきます。**

たとえば、YouTubeで動画を配信してみようと思ったとしましょう。

「そのうち副業になればいいな」「配信者になるのはどんな気分かな？」と、軽い気持ちで試してみると、学べることがたくさんあります。

実際、スマホが1台あれば撮影、編集、配信すべて可能です。

でも、完璧主義の「新しいことに挑戦しない罠」に陥っていると、「どうせやるなら高画質で。だから機材を揃えなくちゃ」「トップユーチューバーのようなテンポのいい編集で。今、手元に編集ソフトがないし、何がいいかわからないな」「たくさん高評価が付くようなアイデアが出てから」と準備にこだわってしまいます。

それは**完璧を追い求める美しい姿勢のようで、やらない理由を自分に言い訳し、行動しないでいるだけ**です。

もし、あなたが以前からやってみたいと思っていたことにチャレンジするチャンスが目の前にきたのに、「今は条件が揃わないから」「ちょっとやめておこう」と躊躇したり、挑戦してもリスクがほとんどない状況で「時間が足りない」「今じゃない」と理由にならない理由で動けなかったりしたときは、完璧主義が顔を出していないか考えてみましょう。

挑戦のない人生には、成長もありません。

完璧主義の
罠4
気づかないうちに周囲から嫌われる

4つ目の罠は、周囲の人間関係に表れます。

というのも、完璧主義者は自覚のないまま、まわりにも自分の完璧主義的な基準を要求し始めるからです。

後輩や部下に対して「そこは完璧に準備しておかないとダメだよ」「この資料、何？　誤字脱字が2箇所もあるよ！」などと言ってしまう。

夫や妻に「掃除が雑じゃない？」、家族に「まだやっていないの？　って言うけど、こっちはきちんと準備しようとしているんだよ」とイライラしてしまう。

しかし、言われた側からは、「あいつ『完璧に』とか、『準備』とか言うけど、自分は大して仕事できないくせに」と反感をかってしまいます。

実際、完璧主義の傾向が強い人ほど、これまで見てきたように決断を先延ばしにしがちで、計画と準備に時間がかかるわりには行動を伴わないわけですから、周囲がその人の言動に矛盾を感じて当然です。

その結果、職場でサポートしてくれる仲間がいなくなり、友人ができず、家庭内でも煙たがられる「気づかぬうちに周囲から嫌われる罠」に陥ってしまいます。じつは、完璧主義による孤立は重要な決断の場面でマイナスに働きます。

というのも、いざというときに客観的な助言を与えてくれる相談相手がいなくなってしまうからです。

社会学や経済学で**ソーシャル・キャピタル（社会関係資本）**と呼ばれる人間関係があります。

▼**周囲の人から好感を持たれ、評価されること**
▼**能力を認められ、信頼を得ていること**
▼**助け合える関係を築いていること**

こうしたつながりは日頃の人間関係があってこそ高まるもので、お金で買うことはできません。しかし、心理学、行動経済学、社会学などの複数の研究がソーシャル・キャピタルの恩恵を多く得ている人ほど社会的に成功することを明らかにしています。ところが、周囲に自分のものさしで完璧を押し付ける人は、自ら大切なつながりを壊してしまうのです。

後輩や部下に厳しい指摘をするときは、そう言えるだけの行動を自分がしているか、家族に完璧を求めてしまいそうになったとき、本当にそれだけの高い基準が必要かどうかを自問自答しましょう。完璧主義の押しつけは、周囲から嫌われます。

完璧主義の

罠5

行動しなかった失敗を引きずる

5つ目の罠「行動しなかった失敗を引きずる」は、①から④の罠すべてとつながります。

▼「私は決して失望などしない。なぜなら、どんな失敗も新たな一歩となるからだ」（トーマス・エジソン）

▼「成功を祝うのはいいが、もっと大切なのは失敗から学ぶことだ」（ビル・ゲイツ）

▼「世の中に失敗というものはない。チャレンジしているうちは失敗はない。あきらめた時が失敗である」（稲盛和夫）

3つとも失敗に関する名言ですが、**共通しているのは、行動を起こしているという**

ことです。当たり前のようですが、成功も失敗も私たちが行動した結果としてしか表れません。

完璧な準備にこだわっている間に結果が出ることはありません。準備を行動に移したあとではじめて、成功、失敗が明らかになります。

それなのに、完璧主義者は行動に移すことなく、それを「失敗」として、失敗経験を溜め込んでしまうのです。完璧を求めるために行動の機会を逃し、行動に移さなかったことで、「自分はうまくできなかった」「準備が足りなかったからだ」と引きずってしまい、ますます行動できなくなっていくのです。

実際に行動して失敗した人は、それを経験として何かを学び、糧にしながら「ダメだったけど、仕方ない」「いい勉強になった」と切り替えて次に進むことができます。**でも、「行動しなかった失敗を引きずる罠」に陥ると、準備不足やコストのかけ方ばかりに目が行き、ありもしない完璧な準備を求めてしまう**のです。

このループにハマってしまうと、完璧主義から脱することができなくなります。

▼4つの「脱・完璧主義対策」

完璧主義者が陥りやすい5つの罠を明らかにしたアリス・ボイス博士は、そこから脱するための対策もセットにして提案してくれています。

4つの「脱・完璧主義対策」

- 対策1　失敗ではなく成功から学ぶ
- 対策2　「マイ・ヒューリスティックス」を作る
- 対策3　「1％の改善」を狙う
- 対策4　反芻思考を止める

使い方は簡単です。

まずは、自分の中に完璧主義の傾向があると自覚すること。

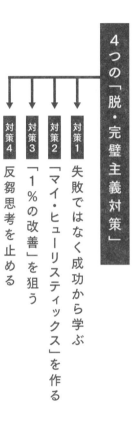

そのうえで、ボイス博士の提案する4つの対策のいずれかを実践すること。するると、5つの罠のどれに陥っていたとしても、そこから脱することができるようになります。

対策 1 失敗ではなく成功から学ぶ

1つ目の対策は、意外かもしれませんが「失敗ではなく成功から学ぶ」です。

先程のビル・ゲイツの名言「成功を祝うのはいいが、もっと大切なのは失敗から学ぶことだ」のように、一般的なアドバイスは、失敗から学ぶことを勧めます。しかし、ボイス博士がレビューした過去の心理学の研究論文の答えは異なりました。

完璧主義の罠から脱するには、失敗ではなく成功から学ぶことが役立つのです。

ただし、ここで注意点が1つあります。それは過去の自分の成功を思い起こし、そこから学ぶこと。過去の自分の成功体験であれば、些細なものでかまいません。

▼学生時代、部活で校内の新記録を出した
▼好きな子に勢いで告白したら、うまくいった
▼仕事で課内の表彰を受けた
▼子どもから「かっこいい」と褒められた
▼筋トレで体型が変わって、うれしかった

ポイントは行動を起こしてうまくいき、気分が良かった体験を思い起こすこと。そして、その道筋を振り返ると、それが完璧主義の罠の対策になるのです。

なぜ対策になるのかには、2つ理由があります。

1つは、準備が完璧でなくても有意義な素晴らしい結果を出せると認識できること。つまり、過去の自分の成功パターンを反芻することで、「完璧な準備」の呪縛が解けるきっかけが得られるわけです。

「勢いで告白したとき、何のプランもなかったけど、うまくいった」とか、「課内で表彰されたとき、偶然、いいクライアントに恵まれて、トントン拍子で話が進んだ」とか、振り返ってみると「なぜかうまくいったこと」は誰でもあります。

それを改めて味わうことで、「あ、完璧な準備にこだわらなくてもいいんだな」と思えて、完璧主義者ならではの思い込みが軽減されるわけです。

ちなみに、私もパフォーマーとしてテレビに出続けていた時期、完璧主義の罠に陥ってしまったことがあります。当時、テレビ局のプロデューサーやディレクターから、著名タレントさんの前で絶対にパフォーマンスを成功させるようプレッシャーをかけられ、しかも、毎回新しいネタをやってほしいとまで言われていました。

若い私は生真面目にリクエストに応えようと完璧な準備を追い求めていたのです。しかし、無理は続きません。元々、完璧主義者ではなく、メンタルの弱い私は途中から完全に嫌になってしまい、ある日ついに投げ出してしまいました。

今日はもう何も準備しない。道具もパフォーマンスに使うフォーク（グニャグニャに曲げて見せるアイテム）も持たず、現場に向かったのです。

そこで生まれたのが、相手の選び取った物を当てるパフォーマンスでした。スタッフさんからガムテープやドライバー、ボール、ペンを借りて、共演するタレントさんに「この中から1個、選んでください」と指示。その後、「あなたが選んだのは……ヘルメットですよね」と当てるわけです。

「笑っていいとも！」などで見せたこのパフォーマンスは好評で、皮肉なことにパフォーマーとしての仕事をさらに増やす結果になったのですが、私にとって「アドリブでもいける」「その場でのアクションでもなんとかなる」という大きな成功体験になりました。

それはその後の編集なし、生配信という動画配信のスタイルにつながっていったのです。

過去の自分の成功体験を思い起こすことが効果的な2つ目の理由は、行動を優先した取り組み方がいかに有益か理解できるようになることです。

どれだけ完璧主義者でも、行動せざるを得ない状況で「えいや！」と動いた経験があります。そのときのことを思い出すと、「行動が大事だな」「とりあえずやってみると、わかることがあるな」と気づけるわけです。

こうして文章で読むと当たり前に感じるのは、冷静に客観視できる環境にいるからです。実際に完璧主義の罠に陥っている間は、「行動が大事」が意識の外に行ってしまい、「完璧な準備」を追い求めてしまうのです。

だからこそ、行動を起こして何かを得た小さな成功体験を振り返ることがとても重要です。この対策を施すと、完璧を求めて動けなくなるのではなく、トライ&エラーから学んでいく実践的な準備の仕方ができるようになります。

対策
2

「マイ・ヒューリスティックス」を作る

「ヒューリスティックス」とは、「経験則」のこと。

たとえば、あなたが海外旅行先で立ち寄った飲食店でワインを頼むとしましょう。さほどワインに詳しくはなく、移動と時差で疲れていて店員さんにオススメを聞く元気もないな……というとき、何を参考に注文しますか？

多くの場合、メニュー表にある値段が1つの基準となるはずです。

- ▼ 一番安いものよりも、中間の価格帯のもののほうが外れにくいのではないか

- ▼ むしろ、一番安いワインがもっともオーダーされているはずで、無難な味なのではないか

- ▼ せっかくの旅先、お金には余裕があるから、高いワインで。値段は味を裏切らない

こんなふうに私たちは、「価格が品物の価値を反映する」というヒューリスティックスを信じて、物事を決断する傾向があります。それは「その結果が大きく自分を裏切ることがない」という経験を積んできているから。迷うと値段を判断の軸にして、決めていくわけです。

つまり、**「マイ・ヒューリスティックス」とは、「自分にとって、ある程度の頻度で良い成果を導き出すことができる経験則」**のこと。これを持つことが、2つ目の完璧主義の罠を脱する対策となります。

なぜ対策になるかというと、基準となる「マイ・ヒューリスティックス」があると、決断に対する迷いが減り、早く決められるようになるからです。

たとえば、複数の選択肢から物事を決めるとき、自分なりの5つの条件を決めておき、選べない、迷うとなったら最低3つを満たすものを選択するようにする。そんなことを決めておくのです。

「マイ・ヒューリスティックス」を作るには、対策①で振り返った自分の過去の成功体験をいくつかチェックして、そこに共通している行動をピックアップするといいでしょう。

▼好奇心が刺激された
▼すぐに取り掛かることができた
▼負担にならない範囲のお金で始められた
▼誰かのためにと、我慢して決めなかった
▼2回、3回と続けていきたいと思えた

こんなふうに「この条件に適っている行動はだいたいうまくいった」「失敗しても糧になった」という、あなたなりの条件を5つほど設けておきます。そして、「このうち3つを満たしたら行動する」を「マイ・ヒューリスティックス」とすれば、決断がスムーズになるわけです。

▼過去の成功体験から「マイ・ヒューリスティックス」を作る

1つ私の例をあげておくと、あるタイミングから「仕事は提示額の高いものを優先し、ある額以下はお断りする」を「マイ・ヒューリスティックス」とするようにしました。

テレビへの出演を控えつつも、今のような配信はせず、仕事の方向性を探っていた時期は、講演の依頼があると、それがたとえ安い講演料であっても「どうせ1日暇になってしまうなら、引き受けた方が稼げるはずだ」と思い、引き受けていたのです。

ところが、件数をこなしていくうち、安い価格を提示してくるクライアントほど、面倒くさいことがわかりました。確認の電話（メールではなく！）はひんぱんにかかってくるし、紙の見積書をファックスで送ってくださいとうるさいし、当日の会場入りの時間は本番の何時間も前を指定してきます。

早めに行って何をするかと言えば、すでに打ち合わせている講演内容の確認です。あえてひどい書き方をしますが、安い仕事を発注してくるクライアントは仕事の進め方が非効率的。受けることで発生する手間やストレスを考えたら、断るほうがプラスになるというのが「マイ・ヒューリスティックス」になりました。

逆に、納得できる講演料を提示するクライアントは、それだけこちらに価値を見出してくれていて、予算が足りなければ会場を大きくして集客に力を入れるなどして、対応してくれます。

もちろん、全部が全部ではありません。ただ、私の経験上、安い仕事よりも高い仕事のほうがストレスの少ない環境を用意してくれる確率が高かったので、私はそれを「マイ・ヒューリスティックス」としたわけです。

あなたも「マイ・ヒューリスティックス」を作るときは、過去の成功体験から自分なりの経験則を導いていきましょう。

対策 3

「1%の改善」を狙う

「新しいことに挑戦しなくなる」「行動しなかった失敗を引きずる」という完璧主義の罠に対して特に有効な対策が、この**「1%の改善」を狙う**です。

完璧主義者は挑戦の前の準備に完璧を求め、失敗した後には一気に挽回しようとする傾向があります。

たとえば、年収400万円の完璧主義者が独立や転職を考えるとき、一気に倍の800万円、さらには大台の1000万円を超えることを目指し、完璧な準備に奔走し始めるといったイメージです。

あるいは、小さなミスを恐れて、報告書などの日常的な書類作成にも多くの時間を割き、何度も確認し、完璧に仕上げようとします。しかし周囲からすると、時間をかけるべき仕事はそれではないので、「仕事のできない人」のレッテルを貼られてしまうのです。

こんなふうに、目標設定がズレてしまって損をしがちな完璧主義者が、行動を変化させていくために役立つのが「1%の改善」という意識を持つこと。

一気に変わることを目指しがちな完璧主義者ほど、ちょっとやってみることで大きな効果を実感できるはずです。

やり方は簡単です。

今、直面している問題があるなら、それを解決するために**「今の状況を1%だけ改善するとしたら?」**と自問してみましょう。

たったこれだけで、高い目標と完璧な準備を求め、小さなミスを必要以上に恐れる視野の狭さが改善され、大半の完璧主義者が「自分にとって有利な状況を作るために、意外なほど簡単な方法がある」と気づきます。

年収400万円から収入を増やしていきたいのなら、週末の空き時間に始められる副業をちょっとやってみる。報告書を完璧に仕上げることに時間を使いすぎているのなら、読み直す回数を1回だけにして提出してみる。

すると、「いきなり倍の800万円を目指すのがいかに無謀か。でも、小さく始めるだけでも確実に収入は増していく」「報告書にわずかな誤字脱字があっても、深刻な事態にはならない。大切な時間は他の業務に使ったほうがいい」といったことに気がつきます。

大切なのは本人がちょっとやってみて、気づき、1%の改善の効果を実感すること。そこからじわじわと行動が変化していくはずです。

対策 4

反芻思考を止める

完璧主義の5つの罠のうち、特に「サンクコストに注目してしまう」「行動しなかった失敗を引きずる」の対策となるのが、「反芻思考を止める」です。

反芻思考とは、同じことをくり返し、くり返し思考してしまうこと。それも覆すことのできない過去の出来事や他の人との比較など、今、ここで解決できないテーマをぐるぐると考え続けてしまうのです。

しかも、**反芻思考は集中力や決断力を低下させます。**

なぜなら、ぐるぐるとした思考に陥ることで、脳が、目の前のやるべきことや本来考えるべきことに向き合えなくなるから。その結果、集中できず、ミスが増え、迷いが生じて決断できなくなります。

完璧主義者の場合、準備のために費やしてしまって取り返せない時間的、金銭的コストに目を向けて「だからこそ、完璧に」と考えてしまったり、「以前も結局、挑戦できなかったから、今回もダメだ」と思い込んでしまったり……という形で反芻思考に縛られ、決断できない状態に陥っていきます。

反芻思考を止めるのに役立つもっともシンプルな方法が、「自然の中を歩くこと」です。

スタンフォード大学の研究者の論文によると、木々のたくさんある場所、鳥のさえずりが聞こえるような森を歩くだけでメンタルの状態が改善し、反芻思考を止めてくれる効果があると指摘されています。

研究チームの行った実験では、研究に参加してくれた男女を対象にアンケートと脳のスキャンを行い、全員の反芻思考の度合いをチェック。そのうえで、90分間、森の中を歩いてもらいました。すると、90分後に反芻思考の回数が減少しました。しかも、その効果には持続性があり、自然に触れるウォーキングを習慣化した場合、考えても解決しないテーマに悩み、「ああでもない、こうでもない」と思考し続ける回数が減っていきました。

つまり、一定時間、反芻思考から離れる時間ができることで、くり返しの思考そのものを遠ざけることができるのです。

近くに自然豊かな公園があるなら、生活習慣の中に木々と触れるウォーキングを取り入れましょう。もし、大都市圏で暮らしていて鳥のさえずりが聞こえるような森がないということであれば、街路樹を眺めながら歩く、川沿いの遊歩道を散歩するくらいでも効果は得られます。

成功するためには、「完璧主義」ではなく「最善主義」を目指す

決断を先延ばししない方法

▼一瞬で答えを出せる人になるには

「完璧主義の傾向を遠ざける対策」に続いて、この章の締めくくりとして、**決断を先延ばしにしがちな人に役立つ「メタ決断分析」**というテクニックを紹介します。

これは第1章の「クネビン・フレームワーク」で分類した4つの決断の状況のうち、**「単純」「面倒」「複雑」の3つのシチュエーションで決断の助けとなってくれる**手法です。

「悩まず、一瞬で答えを出したい」と感じている人は参考にしてください。

決断を助けるテクニックとして「メタ決断分析」を提案しているのは、アントレプレナーシップ（起業家精神）教育で世界トップの評価を獲得しているアメリカのバブソン大学の研究チームです。

ちなみに、バブソン大学の経営大学院はトヨタ自動車株式会社の現会長の豊田章男氏らビジネス界のエリートを輩出する名門です。「メタ決断分析」も、そもそもはビジネス上の決断麻痺に関する研究をもとにしたものです。

ですから、個人の悩みに寄り添うにはややロジカルすぎる部分もあります。それでも、迷ってしまったときに立ち戻る「決め方の基本」と捉えると、知っておくべきテクニックです。

▼悩んだときに役立つ「メタ決断分析」の4つのステップ

迷ったときのために決め方を決めておく「メタ決断分析」は、次の4つのステップから成り立っています。

「メタ決断分析」の4つのステップ

- ステップ1　決断の重要度を判断する
- ステップ2　決断の頻度を判断する
- ステップ3　小さく試してみる
- ステップ4　意志決定の期限を決める

さっそく見ていきましょう。

ステップ 1　決断の重要度を判断する

これは、**「一度立ち止まって、自分にとって大事な決断かどうかを考えてみましょ**

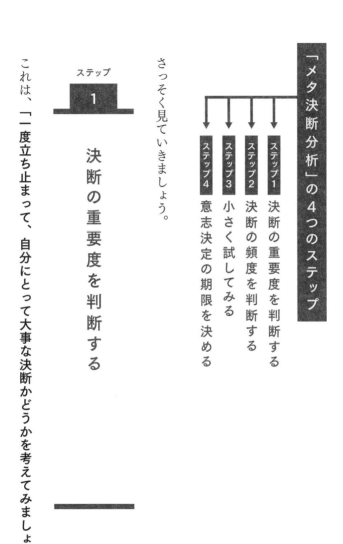

う」ということです。

あなたはすでに第1章で、「クネビン・フレームワーク」によって決断の状況を4つに分ける視点を手に入れています。先程もお伝えしたように、「メタ決断分析」が役立つのは、4つのうち「単純」「面倒」「複雑」の3つの状況です。

あなたが今いるのがどの状況かわかったら、「決断の重要度を判断する」ステップに入っていきましょう。

▼これは「単純」だけど、重要だ

▼「面倒」で、重要だから専門家の意見を聞こう

▼「複雑」で重要だから、選択肢を絞り込もう

どの状況であっても、**重要だと感じたら、その決断には手間ひまかけて向き合いましょう。**逆に、自分にとってさほど重要ではないと思えたら、時間をかけずに決めて大丈夫。重要ではないのなら、どんな結果になっても大きな影響はありません。

大事なのは、重要度の高い決断に、重点的に時間と思考のリソースを割くことで

す。なぜなら、最初にお伝えしたように、**「脳にとって、決断はストレスだから」**。

重要ではないたくさんの決断に時間をかけていては、重要な決断をするときに脳が疲れてしまいます。それでは決断の精度は落ちて当然です。

もし自分では重要度が測れないのなら、周囲にいる信頼できる人に「この決断による影響の大きさはどれくらいだと思う？」と聞きましょう。その答えがどんなものでも、第三者の意見を聞くことで客観的な見方ができるようになり、重要度の判断の助けとなります。

ステップ 2 決断の頻度を判断する

「決断の頻度を判断する」は、**今後もあなたが同じ状況で似たような決断をする可能性があるかどうかを考える**ステップです。

ステップ①で「重要だ」と判断し、ステップ②で似たような決断をする可能性が高いとなったなら、その決断には十分なコストをかける必要があります。また次に決断する機会に向けて、どういう経緯で意志決定に至ったかを記録しておきましょう。

つまり、**似たような決断をする可能性が高いのなら、十分に手間ひまをかけ、その過程を記録しておくと、決断の精度と効率が高まる**ということです。

たとえば、株式投資をしているとして、どこが利益を確定するための売りのタイミングで、どこが損切りするための売りのタイミングか。新たな銘柄を購入するときの買いのタイミングの条件は？　など、今後も株式投資を続けていくなら、基本となる決断の決め方を自分なりに分析し、定めていく。それにより、次の決断をより精度高く、そしてスピードは速く行うことができます。

もっと言えば、**次のときは、「決断」そのものが必要でなくなる**かもしれません。以前の決断と同じことをすればいいのですから。

逆に、ステップ①で「重要だ」と判断したものの、ステップ②で「二度と同じ決断はないかもしれない」となったなら、それは「混沌」の状況である可能性大です。

人生に一度か二度しかない稀で重要な決断。これは自分なりの分析モデルを作ることができません。なぜなら、サンプルとなるデータがないからです。

たとえば、プロポーズを受けて「結婚するか、しないか」の決断。これはもうデータや専門家の助言から分析できる意志決定ではありません。また、Aさんと結婚してみて経験を積み、その後にBさんと結婚して、さらにCさんとも。最終的にAさん、Bさん、Cさんの中から一番いい人を選ぼう！　というようなこともできません。

つまり、**人生に一度か二度しかない稀で重要な決断には「単純」や「面倒」「複雑」とは異なる意志決定のアプローチが必要になってくる**のです。こうした「混沌」での意志決定については、第4章でまとめて解説します。

ステップ 3

小さく試してみる

「小さく試してみる」は、バブソン大学の研究チームの言葉では「オプション買いを検討する」だったものを意訳しました。オプション買いとは、投資する際に不確定要素が多く、また影響するファクターがいくつもあるとき、手元資金の一部分を使って小さく買ってみる買い方です。

つまり、**ちょっと行動してみて様子を見ること。**これは投資に限らず、「面倒」と「複雑」の状況で必ず役立ってくれるアプローチです。

重大な決断を下す前に、小さなステップを踏んで試し、情報と経験を増やしていく。そうすると「複雑」だった状況が「面倒」になり、「面倒」が「単純」に整理され、決断がするするできることがあります。

もちろん、そこまで解決しないとしても、**小さく試すと、その後の意志決定のハードルが下がり、決断の効率が高まります。**なぜなら、どんなに多くの時間をかけて想像を巡らせたとしても、実際にやってみることで得られる経験と情報は想像を超えていくからです。

私は「メタ決断分析」の中で、「小さく試してみる」をもっとも重要視し、日頃から実践しています。

ステップ 4

意志決定の期限を決める

4つ目のステップは、「意志決定の期限を決める」。つまり、**締め切りを設定する**ことです。当たり前のように思えますが、私たちの時間の感覚は自分で想像しているよりもはるかにルーズで、外部から締め切りを与えられない限り、必要以上に時間をかけてしまう傾向があります。

ですから、締め切りの設定は先延ばしを防ぐために欠かせない仕掛けです。「意志決定の期限を決める」を使うべきタイミングは、「決められない」「どうしよう?」と悩んだらすぐ、が推奨されています。

その際、「明日の朝9時までに決める」「週明けの会議の2時間前までに決める」など、**具体的な日時を明記して締め切りを設定**しましょう。

なぜかと言うと、一旦期限を決めると、脳は無意識のうちに決断に役立つ思考を始めてくれるからです。必要なデータが目に入るようになり、うまくいっている事例が気になるようになり、誰からアドバイスをもらえば有益かを考えるようになり……締め切りがあることで、何をすればいいかが自然と決まっていきます。

つまり、**焦って決断するためではなく、期限内にやれることを明確にするために、締め切りを設定する**のです。

「意志決定の期限を決める」効果は特に、答えがはっきりとしている「単純」、目指すゴールが定まっている「面倒」の状況で大きな力となるはずです。

以上が「メタ決断分析」の4つのステップです。

この4つで「決め方を決めておくこと」は、第3章、第4章で深掘りしていく「単純」「面倒」「複雑」「混沌」での決断のルールをサポートしてくれます。最初に紹介した「完璧主義の傾向を遠ざける対策」と併せて実践しながら、あなたなりの意志決定の経験を積み上げていきましょう。

これだけでも、あなたの「決断力」はかなり高まっていきます。

悩まず、一瞬で答えを出したい人は、「メタ決断分析」を使う

第3章

「決断のルール」が最強の決断をつくる

Simple――決断を自動化する方法

▼あなたを助ける「決断のルール」とは？

第1章であなたが決断を迫られている状況についてクネビン・フレームワークを使い、次の4つのシチュエーションに分けていきました。

▼「やるべきことがわかっているけど決断できない（単純＝simple）例：ダイエット」
▼「どの選択肢が一番いいかを決断できない（面倒＝complicated）例：引っ越し、転職」
▼「予測できないことだから決断できない（複雑＝complex）例：投資、結婚」

▼「答えがないから決断できない（混沌＝chaotic）例：ずっとこの人生でいいのか？」

4つに分割するメリットは、どの決断のルールを使うとスムーズに意志決定できるかがわかることです。

たとえば、**「単純」な状況で「価値と自動化」と呼ばれる決断のルールを使うと、ほぼ悩むことなく、秒で最善の決断が下せる**ようになります。

そして、選択肢が多すぎるという悩みが生じやすい「面倒」では**「デフォルト設定」、「複雑」では「理性的な決断と直感」という決断のルールを使うと、もっとも後悔する可能性の低い決断を下せるようになる**のです。

このように、第3章ではいよいよ具体的な「決断のルール」について解説していきます。

①「やるべきことがわかっているけど決断できない（単純＝simple）」状況で役立つ

▼あなたの軸となる価値観から決断を下していく決断のルール

▼くりかえし訪れる意志決定を自動化していく決断のルール

②「どの選択肢が一番いいかを決断できない（面倒＝complicated）」状況で役立つ

▼ **客観的なデータ、アドバイスを活かしていく決断のルール**

③「予測できないことだから決断できない（複雑＝complex）」状況で役立つ

▼ **直感を味方につけて難局を切り抜ける決断のルール**

「単純」な状況で役立つ決断のルールは、「面倒」「複雑」でのあなたの意志決定も助けてくれます。ただ、逆に「複雑」や「面倒」で役立つ決断のルールを「単純」な状況で使う必要はありません。

なぜなら、ゴールがはっきりしている「単純」な状況では意志決定に多くの手数をかける必要がないからです。「やるか、やらないか」を決める場面でデータを集めすぎてしまっては、選択肢が増え、逆に混乱します。

また、この第3章では「混沌」を扱いません。

なぜなら、「混沌」は自分でコントロールできる要素がほとんどなく、正しい答えが存在しない特別な状況だからです。

まずは、私たちが人生の多くの場面で直面する「単純」「面倒」「複雑」な状況に対する「決断のルール」を学び、実践する。その経験を通じて決断力を高めた上で第4章に進み、答えの出ない問題である「混沌」への対処法を学んでいくイメージです。

読み進めるとき、あなたが今、決断を求められている問題、あるいは過去に決断を下した印象的な状況を思い浮かべると、それぞれの決断のルールがより身近に感じられるはずです。

では、さっそく**「単純」な状況を秒で切り抜ける「価値と自動化」**について解説していきます。

▼決断が「秒」でできるようになる「VARI」スキル

「単純（simple）」のクネビン・フレームワークでの定義は、「安定的で、因果関係がだれの目にも明らかな状況。同じパターン、同じ出来事がくり返される。通常は対処法も自明なので、議論の余地がないケースが多い」です。

つまり、やりたいこと、やるべきこと、したいこと、しなければならないことが明確な状態。ここで最善な決断をするために必要なのは、自分にベストと思える決断のルールを意志決定に取り入れ、それに従っていくこと。もちろん、その決断が後悔につながる可能性はゼロではありませんが、うまく活用していけばほぼ自動的に秒で意志決定できるようになります。

そこで紹介したいのが、**決断を自動化させる「VARI」というスキル**です。

これはワシントンDC郊外にあるメリーランド大学のニコル・クーンバ博士が、人間の決断疲れをやわらげるため、決断に関する先行研究をベースに考案したスキル。「VARI」はそれぞれ、次の言葉の頭文字を取っています。

- ▼ Values（価値）……自分の価値観をリストアップする
- ▼ Automation（自動化）……自動化できるか考える
- ▼ Rational Decision Making（理性的な決断）……決断可能な選択肢をリスト化する
- ▼ Intuition（直感）……感情に沿って考えてみる

このうち「単純」な状況で役立つ「決断のルール」は、「V」と「A」。「価値と自動化」です。この2つの視点から「やるか、やらないか」を検討していくと、秒で決断を下せるようになります。ちなみに「R」と「I」の「理性的な決断と直感」は、「複雑」な状況での「決断のルール」として活用します。

そもそも、「クネビン・フレームワーク」で決断の状況を4分割したのは、自分にとって非常に重要で大切な決断と、日常的で些細な決断を分けて考えるためでもありました。

「単純」な状況での意志決定は、日々の暮らしの中で何度も同じパターンが起き、仮に間違えたとしても、人生に大きな影響は生じません。

このような日常的な決断をスムーズに下せるようになると、**込み入った意志決定をするための力を残すことができ、結果的にあなたの決断力を高めてくれます。**

そこで求められるのが、些細な意志決定をミスなく大量に自動的に処理する方法。

それが**「価値と自動化」のルール**です。

▼8割の意志決定を自動化できる「価値と自動化」ルール

私は普段から積極的に「価値と自動化」を決断のルールとして使っています。たとえば、我が家の部屋の室内灯はすべて人感センサーを後付けしていて、人がいる間は勝手に点灯し、いなくなれば消えるようになっています。これは省エネを意識したからではなく、ある日、「生きている間に何回、室内灯のスイッチを指でオン、オフしなくちゃいけないんだろう？」と思ったのがきっかけです。

この手間、面倒だな、だったら、なくそう、と。そう決断して人感センサーを後付けしました。

日常の些細な「やる、やらない」を手間に感じることなく、より大切なことを考える時間、人生そのものに関わってくるような重要な決断に集中したい。そのために重要なのは、**日々の些細な意志決定を、自動的に処理すること**です。

そのために私は「VARI」の「V」と「A」の2つのステップを踏み、自分なりの「価値と自動化」を日常的に活用。**この決断のルールを作ったことで、体感的には8割の意志決定が自動化できました。**

では、さっそく「価値と自動化」の決断のルールを見ていきましょう。

１つ目のステップは「Values（価値）」。

これはあなたの重視する価値観をリストアップし、物事の判断基準を明確にしていくステップです。ニコル・クーンバ博士はリストアップされた価値観を次の２つに分類することを勧めています。

①永続的価値

幸福感、好奇心、安心、自由、正義、家族、成長などの死ぬまで変わらないであろう、あなたが大事にしている価値観

②道具的価値

誠実、公平、信頼、親切、積極性など、「永続的価値」を実現していくために必要な行動、振る舞いのベースとなる価値観

Q.
自分の大事にしている価値は？

A. ＿＿＿＿＿＿＿＿＿＿

Q.
その価値を実現しやすい行動は？

A. ＿＿＿＿＿＿＿＿＿＿

私が大切にしている永続的価値の1つは、「好奇心」です。

それを満たす道具的価値は「積極性」となり、何か行動を起こすときは「それが好奇心を満たすかどうか」を考え、「満たす」となれば迷わず動きます。

あるいは、あなたにとっての永続的価値が「家族」だった場合、道具的価値は「誠実」や「公平」が当てはまり、何か決断するときは「家族に対して誠実か」「家族全員が公平だと思えるか」といったものさしで意志決定するはずです。

いずれにしろ、この**2つの自分の価値観を明確にしておくと、決断のためのブレない軸ができます。**これは「単純」な状況では意志決定の速度を劇的に速めてくれますし、「面倒」や「複雑」な状況で迷ったとき、立ち戻る原点となってくれるのです。

▼決断力を上げるための「10の質問」

ただし、問題が1つあります。

すでにあなたもお気づきかもしれませんが、いざ、「自分が大事にしている価値観は……」「永続的価値と道具的価値に分けると……」と考えてみると、意外なほどすぐに思い浮かびません。

自分のことなのに、改めて「譲れない価値観は?」と自問自答すると、答えはなかなか出てこないのです。実際、私も初めて「Values(価値)」を明確にしようとしたときには、自分の価値観を浮き彫りにする作業に手間取りました。

そこで、サブテクニックとして活用したのが、スタンフォード大学の応用心理学者エドワード・ケログ・ストロング・ジュニア名誉教授がまとめた「自分の情熱を知るための10の質問」です。

これは職業訓練に心理学が応用され始めた20世紀初頭に作られたリストですが、普遍的な問いかけが多く、私たちの持っている価値観を明確化してくれます。

質問①あなたが朝起きてすぐに活動したいと思う日は、どのような日でしょうか?
理想の1日をイメージしてみてください。

質問②あなたが飽きることなく取り組むことのできたプロジェクトや仕事、活動や計画はどのようなものでしたか?

世界一伸びるストレッチ

中野ジェームズ修一　著

箱根駅伝を２連覇した青学大陸上部のフィジカルトレーナーによる新ストレッチ大全！
体の硬い人も肩・腰・ひざが痛む人も疲れにくい「快適」な体は取り戻せる。

定価＝本体 1300 円＋税
978-4-7631-3522-3

コーヒーが冷めないうちに

川口俊和 著

「お願いします、あの日に戻らせてください……」
過去に戻れる喫茶店を訪れた４人の女性たちが紡ぐ、家族と、愛と、後悔の物語。
シリーズ 100万部突破のベストセラー！

定価＝本体 1300 円＋税
978-4-7631-3507-0

血流がすべて解決する

堀江昭佳 著

出雲大社の表参道で 90 年続く漢方薬局の予約のとれない薬剤師が教える、血流を改善して病気を遠ざける画期的な健康法！

定価＝本体 1300 円＋税
978-4-7631-3536-0

いずれの書籍も電子版は以

楽天〈kobo〉、Kindle、Kinoppy、Apple Books、Book

郵 便 は が き

料金受取人払郵便

新宿北局承認

8763

差出有効期間
2023年 3 月
31日まで
切手を貼らずに
お出しください。

169-8790

154

東京都新宿区
高田馬場2-16-11
高田馬場216ビル 5 F

サンマーク出版愛読者係行

ご 住 所	〒 都道府県		
フリガナ		☎ ( )	
お 名 前			
電子メールアドレス			

ご記入されたご住所、お名前、メールアドレスなどは企画の参考、企画用アンケートの依頼、および商品情報の案内の目的にのみ使用するもので、他の目的では使用いたしません。
尚、下記をご希望の方には無料で郵送いたしますので、□欄に✓印を記入し投函して下さい。
□サンマーク出版発行図書目録

1 お買い求めいただいた本の名。

2 本書をお読みになった感想。

3 お買い求めになった書店名。

市・区・郡　　　　　　　町・村　　　　　　　書店

4 本書をお買い求めになった動機は?

・書店で見て　　　　・人にすすめられて
・新聞広告を見て(朝日・読売・毎日・日経・その他＝　　　　)
・雑誌広告を見て(掲載誌＝　　　　)
・その他(　　　　)

ご購読ありがとうございます。今後の出版物の参考とさせていただきますので、上記のアンケートにお答えください。**抽選で毎月10名の方に図書カード(1000円分)をお送りします。**なお、ご記入いただいた個人情報以外のデータは編集資料の他、広告に使用させていただく場合がございます。

5 下記、ご記入お願いします。

ご職業	1 会社員(業種　　　)	2 自営業(業種　　　)	
	3 公務員(職種　　　)	4 学生(中・高・高専・大・専門・院)	
	5 主婦	6 その他(　　　)	
性別	男・女	年齢	歳

ホームページ http://www.sunmark.co.jp　ご協力ありがとうございました。

質問③あなたがまったく楽しめなかったプロジェクト、やる気が出なかった活動はどのようなものでしたか？

質問④あなたが明日、今の仕事を辞めたとして、後で一番やりたくなるのは携わっている仕事のどの部分でしょうか？

質問⑤あなたの趣味は何ですか？　その趣味のどこが好きですか？

質問⑥あなたが若かった頃に、大人になったらなりたいと思っていたものは何ですか？　それに魅力を感じていたのはなぜですか？

質問⑦あなたは今の時間の使い方が自分にとって意味のあるものだと感じていますか？　何かが足りないと思うのであれば、それは何でしょうか？

質問⑧第三者になったつもりで考えてください。あなたは普段どんなことに情熱を持とうとしている人に見えるか、観察してみてください。そして、観察した結果、どんな感情を抱きましたか？

質問⑨あなたは、この世界にどのような足跡を残したいですか？

質問⑩もし、あなたの寿命が残り1年だとしたら、どのように過ごしますか？

紙とペンを用意して、質問の①から⑩までに答えていきましょう。テストではないので、正解はありません。

それぞれの質問に3つから5つ、答えを書き出すよう心がけてください。いくつか書き出したほうが、あなたの価値観が具体化されるからです。ただし、どう考えても1つしか出てこないときは、そのままで。それは本当に大切だと感じている価値観に違いないからです。

では、1つ1つの質問に対して答えやすくなるよう、補足していきます。

質問①あなたが朝起きてすぐに活動したいと思う日は、どのような日でしょうか？理想の1日をイメージしてみてください。

あなたも毎朝、起きた後、その日の予定やしたいこと、やらなければいけないことについて考えると思います。でも、年に何回か、起きてすぐに活動したい、朝からやる気に満ちているという日があるのではないでしょうか。

子どもの頃の遠足の日、大好きなアーティストの1年ぶりのライブ、待ちに待った続編映画の公開日、好きな人との初デート、チーム全員で取り組んできた新サービスのリリース日……。そんな動きたくてたまらなかった日を思い出して、いくつか書き出しましょう。

するとあなたのモチベーションが上がるタイミング、状況がわかります。**何に心が動き、ワクワクが生まれるのか。道具的価値が具体的になっていきます。**

質問②あなたが飽きることなく取り組むことのできたプロジェクトや仕事、活動や計画はどのようなものでしたか？

続けると自分にとっていい影響があるとわかっている習慣でも、続くものと続かないものがあります。その差を生んでいるのは、その時々の仕事の忙しさといった外的要因のようで、じつは好きか嫌いか、楽しめるかどうかが深く関わっています。

瞑想、読書、筋トレ。どれも人生を豊かにしてくれる科学的根拠が明らかになっている取り組みです。でも、いくら習慣化のコツを駆使しても、続かない場合があります。

過去を振り返り、あなたが飽きることなく取り組むことのできたプロジェクト、仕事、活動、計画、習慣を書き出していきましょう。

なぜ続けることができたのか。何がモチベーションを持続させてくれたのか。道具的価値が明確になる質問です。

質問③あなたがまったく楽しめなかったプロジェクト、やる気が出なかった活動はどのようなものでしたか？

過去を振り返り、やってみたものの楽しめなかった取り組み、習慣化しようとしたのにまったくやる気の出なかった活動を書き出していきましょう。

三日坊主で終わってしまった理由はどこにあるのか。何が継続を邪魔したのか。楽しさを感じなかった原因はどこにあるのか。あれは失敗だった……と落ち込む必要はありません。理由を掘り下げることで、**逆の意味であなたにとって大事な永続的価値**が浮かび上がってきます。

質問④あなたが明日、今の仕事を辞めたとして、後で一番やりたくなるのは携わっている仕事のどの部分でしょうか？

あなたが今、携わっている仕事を辞めたとして、この部分だけはもう一度、やりたいと思えるところにフォーカスを当てましょう。学生の場合、勉強や学生生活の一部分として考えてみましょう。

この質問の答えからは道具的価値が見えてきます。

質問⑤あなたの趣味は何ですか？　その趣味のどこが好きですか？

はっきりと「私の趣味は○○です」と言える人は、その趣味のどこに惹かれているのかを書き出してください。一方、「趣味と言えるほどのものはないな」と思う人は、最近、よくしている活動、ハマっていることを思い浮かべ、なぜそれが好きなのかを考えてみましょう。

趣味や活動をいくつも書き出すよりは、1つの趣味、活動に焦点を当てて、その魅力、楽しさ、何に惹かれているかをできるだけたくさん書いていきましょう。

すると、あなたが経験してきた趣味、ハマってきたものには共通点があることに気づくはずです。その共通点は永続的価値、**あなたが本当に大事にしたいこと**とつながっています。

質問⑥あなたが若かった頃に、大人になったらなりたいと思っていたものは何ですか？　それに魅力を感じていたのはなぜですか？

すでに社会に出て一定の経験を積んでいる人は10代の後半を、まだ20代の人は小学生の頃を思い返し、何になりたかったのかとその理由を書き出しましょう。

何もない……と思ってしまったなら、一時的にでも興味を持ち、憧れた職業や存在とその理由を書きます。そこに**あなたが何に情熱を感じるか、こだわっているか**が表れ、道具的価値の一部が明らかになります。

質問⑦あなたは今の時間の使い方が自分にとって意味のあるものだと感じていますか？　何かが足りないと思うのであれば、それは何でしょうか？

仕事に対しての時間の使い方、プライベートでの時間の使い方、もっと大きく人生そのものに対する使い方でもかまいません。時間の使い方を見つめ直すと、現状で満たされていない道具的価値が浮かび上がってきます。

質問⑧第三者になったつもりで考えてください。あなたは普段どんなことに情熱を持

とうとしている人に見えるか、観察してみてください。そして、観察した結果、どんな感情を抱きましたか？

情熱そのものに焦点を当てるよりも、1週間の自分の行動を振り返り、リポートするような視点を持つと書きやすくなります。

たとえば、仕事に追われている自分、趣味のジョギングを楽しんでいる自分、資格試験の勉強をする予定が急な誘いで飲み会に参加して盛り上がっている自分、休日に寝坊して起きたら昼過ぎだった自分……。

すると、「自由な時間を求めているのに、いざスキマ時間ができると無駄にしているな」「仕事に追われながらも楽しめているのは、周囲の役に立てるとうれしいからだな」など、道具的価値と永続的価値のつながりを知るヒントが見えてきます。

質問⑨あなたは、この世界にどのような足跡を残したいですか？

人間は、先々叶えたい目標を持ち、意識するほど自分のメンタルをコントロールすることができるようになります。この質問は、**あなたが死ぬときに、まわりからどのように思われたいか**という質問に読み替えることができます。

「子どもたちに見守られ、いい父、母だったと送り出してもらいたい」

「後世に残るような仕事の結果を残したい」

簡単には答えが出ない問いだと思いますが、時間をかけてゆっくり考えてみましょう。ここには永続的価値がはっきりと表れます。


質問⑩もし、あなたの寿命が残り1年だとしたら、どのように過ごしますか?


今、あなたが余命1年だと知ったら、残りの365日をどう過ごしていきますか。

動揺しながらもいつもどおりの仕事をし、職場の仲間との時間を大切にするのか。

恋人や家族と一緒に過ごす時間を優先するため、仕事は辞めてしまうか。

まだ見たことのない土地を巡る一人旅に出るか。

もしもの設定ですが、真剣に描く想像には、あなたが求める永続的価値が強く反映されます。

▼ソクラテスの言葉は、決断にも役立つ⁉

「自分の情熱を知るための10の質問」から浮かび上がってくる永続的価値と道具的価値は、人それぞれです。もちろん、私とあなたの価値観は異なります。

大切なのは、**あなたがもっとも大事にしている永続的価値を再確認し、それを実現するために不可欠な「道具的価値」を知ること**です。

たとえば、永続的価値が「家族」だと再確認できれば、道具的価値としてパートナーに嘘をつかずに生きる「誠実」や、生活を豊かにするための「仕事」が浮かんできます。

あるいは、永続的価値が物事を学び成長を実感する「知識」の人なら、道具的価値は学びの場に足を運ぶ「行動力」や学びに集中できる「集中力」になるでしょう。

他にも永続的価値が「健康」なら、リラックスした時間を楽しむ「余暇」や体を動かす「運動」が道具的価値になっていきます。

このように、**自分の永続的価値と道具的価値を知ることは、決断に迷う状況に陥ったとき、立ち返る原点、意志決定するための基点を持つことにつながる**のです。

簡単にまとめてしまえば、**自分の求めていることをよく知っている人は後悔しない**

最善の決断ができるということ。

「汝自身を知れ」は、ソクラテスが自らの行動指針としていた言葉です。

その解釈は諸説さまざまですが、自分の価値観を知り、それに従って行動し、知恵と経験を増やしていくこと。それが最善の決断につながると読み取ることもできます。

自分の価値観を正しく理解していれば、どんな状況でも意に沿わない最悪の決断だけは避けるはずです。

特にここで明らかになった「永続的価値」は第3章、第4章を読み進める上でとても重要な役割を担うので、可能ならば別の場所にメモしておきましょう。というのも、永続的価値は「単純」、「面倒」、「複雑」、「混沌」の4つの決断の状況で物事を捉えるときの基点となるからです。

▼貯金、筋トレ、献立、コーディネート……すべて「決断の自動化」でうまくいく

続いて、「単純」な状況に役立つ決断のルール「価値と自動化」を作る2つ目のス

テップ「Automation（自動化）」について解説していきます。

このステップで取り組む作業は、「単純」な状況に割り振った決断をリスト化し、それぞれを「自動化できるものではないか？」という視点で仕分け、自動化可能な方法を考えていくことです。

たとえば、貯金。毎月、決まった額を貯めていきたいと考えているのなら、その決断は自動化可能なのでしょうか？

当然、可能です。そして、次のような方法で実現します。

「毎月、収入の入金日に決めた額が自動的に別の積み立て口座に移るよう設定する」

あるいは、筋トレ。毎日、決まった回数の筋トレをしたい。でも、仕事で疲れた日はさぼってしまう。これも自動化は可能です。

「毎日、朝、起きたら寝床で腹筋○回、夜、帰宅後、部屋着に着替えるとき、スクワット○回」と先にやる場面と回数を決めてしまうことで、習慣化できます。

他にも……、

「飲み会から帰るタイミングが悩ましい」なら「22時に帰る」「二次会には行かない」、「毎晩の献立を決めるのが大変」なら「週に4回、レシピに沿った食材が届く配食サービスを利用する」「料理をパートナーと交代制にする」、「毎朝、着る服のコーディネートに悩んでいる」なら「基本となる組み合わせを決めて、同じ服を複数枚買っておく」「ワンポイントになる小物をいくつか用意する」、などと決めれば、自動化できます。

こんなふうに**「日常的によくある決断」をどう自動化できるかを考えていきます。その際、「一度決めたら、二度と意志決定する必要がない方法はないか?」**という視点も盛り込むと、より効果的です。

また、書き出した「単純」な決断のリストのうち、自動化ができないとわかったものについては「そもそも取り組む必要がある?」という視点で再チェックしてみましょう。すると、「別にやらなくてもいいな」と気づき、「これはやらずに捨ててしまおう」と手放せるケースもあるはずです。

そうやって**「単純」な決断の自動化がうまくいくと、自分の価値観を満たすために使う時間が確保できる**というメリットも得られます。

▼「決断の自動化」で気をつけておくべきリスクとは？

「単純」な状況は「価値と自動化」の決断のルールで意志決定を圧倒的に速くすることが可能です。ただ、自動化を進める際には、1つ注意点があります。

自動化がうまくいき、スムーズに物事が進んでいるときほど、状況の変化に気づけず、トラブルが生じやすいのです。

たとえば、「毎晩の献立を決めるのが大変」を「週に4回、レシピに沿った食材が届く配食サービスを利用する」で自動化したとしましょう。献立について考え、決断する必要がなくなり、その分、毎日1時間長く仕事に打ち込めるなど、自動化はあなたにとっていい環境をもたらしてくれました。

しかし、パートナーが配食サービスに不満を溜めていたらどうでしょう？　あるいは、配食サービスの事業者がトラブルに見舞われ、突然、サービスが停止されたとしたら？

状況に変化が起きているのに気づかず、油断してしまう。あるいは、「これで完璧」

と思い込んでいると、違う対応を検討するべき「面倒」な状況にステージが変わっているのを見過ごしてしまうケースがあるわけです。

自動化は「単純」な状況ではとても有効ですが、違う対応が必要になる環境の変化が起きる可能性は常にあることは忘れずに。今、うまくいっている自動化の選択肢はうまくいかなくなった瞬間に過去のものになります。だからこそ、思考の固定の危険性を意識しながら、あなたを取り巻く状況の変化に意識を向けていきましょう。

とはいえ、「単純」な状況での決断の自動化は無駄な悩みを省き、決断疲れを遠ざける意味で効果的です。

積極的に実践しながら、でも、決断の状況そのものが変わってきてはいないか？今やっている自動化の選択がベストではなくなっていないか？　について定期的にチェックすればいいのです。

うまくいっているなら、状況は「単純」のまま。うまくいっていないなら、状況は「面倒」に変化しているはずです。となれば当然、対応する決断のルールも変わってきます。

一度決めたら完璧ではないことを忘れずに。

単純で何度も出てくる決断は「自動化」すると、脳の容量を空けられる

Complicated——たくさんある選択肢から最高のものを選ぶ

▼多すぎるデータやアドバイスから、本当に役立つ情報を選ぶには？

次に「面倒（complicated）」な状況での決断のルールを解説していきます。

キーワードとなるのは、「とりあえずビール」……ではなく**「デフォルト設定」**。**一言でいうと、満足度の高いはじめの一手を持っておくと、決断の方向性がブレなくなる**、ということです。

「面倒」のクネビン・フレームワークでの定義は、「因果関係は見つかるが、正解がはっきりせず、適切と思われる解がいくつもある。いくつもの選択肢を検討する必要があり、場合によってはその多くが有望に見える」状況です。

そこで必要になってくるのが、客観的なデータと専門的な知識を持つ第三者からのアドバイスです。クネビン・フレームワークの研究チームも情報の量と質を増やし、より良い選択肢を揃えることを勧めています。

ただ、気をつけなければならないのは、**多すぎるデータやアドバイス、不正確なデータ、的はずれなアドバイスが決断を妨げる要因になる**ということです。

身近な例で言えば、あなたが引っ越しをきっかけとして数年ぶりにテレビを新製品に買い換えようと考えているとしましょう。

8K、4K、フルハイビジョンのどのパネル性能にするか、液晶ディスプレイか、有機ELディスプレイか、画面のサイズは何型か、メーカーはどこか、録画機能やスピーカーの性能はどうか、ネット対応の機能に差はあるか、リモコンの使いやすさはどうか……など、普段から製品情報を追いかけている好事家でなければ、何を基準に決めればいいのかわからないほど、比較検討のための選択肢があります。

そこで、「一番安くて、50型」とブレない条件が定まっていれば、決断の状況は

「面倒」から「単純」になり、店頭、もしくはネットショップ上で最安値に該当する製品から選ぶことができるでしょう。

しかし、多くの場合、私たちは迷います。

液晶と有機ELの違いを調べ、8K対応が本当に必要かどうか考え、部屋の大きさと画面サイズのバランスを想像し、有名国産メーカーと海外メーカーの製品の価格差に心が揺れ、より正確な情報はないかとネット検索して多すぎる選択肢の沼にハマっていくのです。

ネット上には製品に関するオフィシャルな情報、動画配信者やメディアによる比較動画や記事、一般ユーザーの膨大な数の口コミ、専門家とされる人たちのコメントが溢れています。

悩んでしまう理由は、多すぎるデータやアドバイスがあるから、そしてその中に不正確なデータ、的はずれなアドバイスが混在しているからです。ここからどうやって、本当に必要なデータとアドバイスを掘り起こしていけばいいのでしょうか。

そこで役立つ決断のルールが、これから解説していく「デフォルト設定」です。

▼データが多すぎて決められないときも間違わない「デフォルト設定」

「デフォルト設定」を「優れた決断を行うための方法」として提唱しているのは、グーグルの意志決定部門のチーフであるキャシー・コジルコフ博士です。

博士は2019年に「優れた決断を行うためには何が必要か?」というテーマの論説を発表しました。その内容を簡単にまとめると、次のような流れになっています。

わかりやすくなるよう、先程のテレビの購入を例として、当てはめてみます。

▼正しい意志決定には、「データ・ドリブン……データをもとに考察して、根拠ある決定をすること」が必要。ところが、実際の意志決定の現場では単に数字を見て判断を下しているだけになっているケースがほとんど。これは「データ・ドリブン」ではなく、「データ・インスパイアド」だと言える

よくある状況↓店でさまざまなテレビを眺め、なんとなく海外メーカーの液晶テレビの50型がいいような気がしてくる

▼「データ・インスパイアド」に陥っているときにハマりがちなのが、「もっとちゃんとしたデータを集めなければいけない」と量に走るミス。しかし、単にデータをたくさん集めるだけではいい選択肢は増えない

よくある状況↓決め手に欠けるので、さらにインターネットで情報を集める

▼「データ・インスパイアド」になってしまった場合、「確証バイアス（直感でいいと思った感覚を裏付ける情報ばかり集めてしまう）」と「イケア効果（自分が努力を費やしたものはすばらしいと過大評価する傾向）」の汚染を受けやすいため、決断ミスをしてしまう

よくある状況↓ネットで情報を集めるうち、売り場での印象（海外メーカーの液晶テレビの50型が値ごろ）が強化され、「これだけ調べたし、間違いないだろう」と購入。でも、設置してみると、より薄型のものが自分の部屋に向いていたことがわかる

▼本当に意味のある「データ・ドリブン」を行うために必要なこと

▼データを集める前に確固たる判断基準を設定しておく。これを「デフォルト設定」と呼ぶ

考え方↓テレビを購入するときに譲れないポイントを「デフォルト設定」として決めておく

▼「デフォルト設定」は、まず何のデータもない状態で「どのような選択をするか」を決める。まずは「どの選択がもっとも悪くなさそうか」という判断基準で選ぶとよい

考え方↓壁に付けられてインテリアになじむ大型のテレビ

▼慣れないうちは、「デフォルト設定」には不安が伴うので、「いまこの場で決断しなければならないとしたら、どれを選ぶか？」と仮決めする感覚で選ぶとよい

考え方↓パートナーが保証面を気にする人なので、国産メーカーなら安心してくれ

A
B
C
B
今決断するとしたら
A～Cのどれが入るかな？

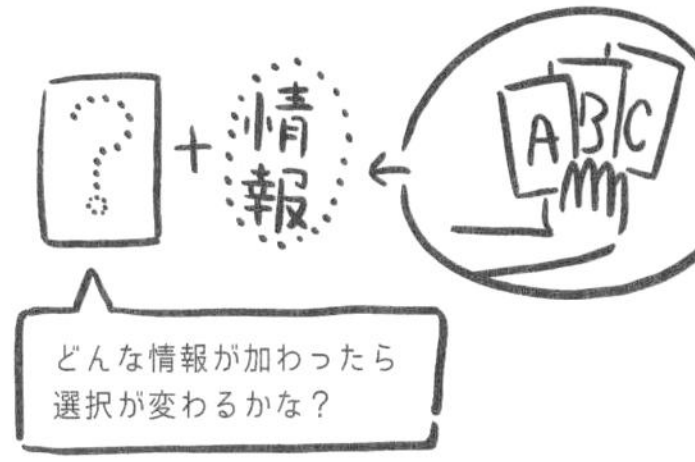
A
B
C
情報
どんな情報が加わったら
選択が変わるかな？

そう

▼「デフォルト設定」を決めたら、続いて「どのようなデータやファクトを手に入れたら、この『デフォルト設定』をとらないことに納得できるだろうか?」と考えてみる。また、同時に「どれくらいのエビデンスが出たらデフォルトを外れるか?」と「リスクをどれくらい受け入れることができるか?」を考える

考え方→海外メーカーでも、5万円以上安いものがあれば、検討する

▼判断ミスを引き起こす「確証バイアス」と「イケア効果」を避けるには?

「確証バイアス」と「イケア効果」が厄介なのは、一見、合理的な判断ができたように思えてしまうことです。なぜなら、たくさんのデータを集める労力を費やしたことで、決断に向けて十分な準備をしたような錯覚に陥るからです。

しかし、集めたデータが的はずれで、十分な準備という仕事をした気になっているだけだったとしたら? その決断の先にあるのは、後悔でしょう。

こうした**決断ミスを避けるため、キャシー・コジルコフ博士はデータを検討する前に、判断の道しるべとなる「デフォルト設定」を勧めている**わけです。

先程の例では「壁に付けられてインテリアになじむ大型のテレビ」「パートナーが保証面を気にする人なので、国産メーカーなら安心してくれそう」という2点がデフォルト設定となります。

また、「一番安くて、50型」も必要としている大きさと商品選びの基準を価格に置くことがはっきりする意味で、テレビ購入時の「デフォルト設定」となりえます。

そんなふうに**「面倒」な状況で何を自分の第一基準にするかを決めておくことで、データを集め、検討するときの軸が定まる**わけです。こうすると、たくさんあるデータやアドバイスを、判断材料として活用できるようになります。

▼決断力を高めるのは「意志」ではなく「価値観」である

この「デフォルト設定」は、どう決めていけばいいのか。それには、「単純」な状況の決断ルールで扱った「価値観」を参考にしましょう。

復習すると、

①永続的価値

幸福感、好奇心、安心、自由、正義、家族、成長などの死ぬまで変わらないであろう、あなたが大事にしている価値観

②道具的価値

誠実、公平、信頼、親切、積極性など、「永続的価値」を実現していくために必要な行動、振る舞いのベースとなる価値観

この2つです。

私の場合、永続的価値は「自由」と「好奇心」です。今は幸いにも、好奇心を満たす行動を自由に行えるだけの金銭的な余裕を手に入れることができました。ですから、「デフォルト設定」も価値観に沿って決めることができます。

最近した決断で言えば、昨年フランスにワイナリーを買いました。配信している動画でもよくワインを飲んでいますが、ワイン好きになってからさまざまな銘柄を味わうち、私の好奇心はワインの製造方法に向いていったのです。もちろん、ソムリエや生産者といったプロフェッショナルたちの話も聞きました。それでも、好奇心は満たしきれません。

そこで、たどり着いたのが「ワインの作り方を知る一番の方法は、自分で生産に関わってみることだ」という「デフォルト設定」でした。

そのデフォルト設定に沿って情報を集めてみると、私の持っている資産でフランスのワイナリーの購入が可能だとわかったのです。5年前は無理でしたが、道具的価値を満たしてきた今の私には好奇心を実現するための自由がありました。

あとは決断をして、試してみるだけです。

▼転職での決断ミスを防ぐ「デフォルト設定」の使い方

たとえば、あなたの永続的価値が「自由」で、転職を考えているとしましょう。

このとき、「デフォルト設定」を作らずに、ぼんやりと「自由」を意識してデータを集め始めると、すぐにデータ・インスパイアドされた状態に陥ってしまいます。

転職情報が得られるサイトは数多あります。好条件の一方で、各業界、各企業のダークサイドが見え隠れする口コミも簡単に検索可能です。

「企業Aは今より、年収がアップする」

「公式サイトを見ると、きらびやか。でも、ブラックだという口コミも多い」

「企業Bは、今いる会社とは別の業界だけれど、将来性を感じるし、未経験者にも門戸を開いている」

「ただ、給料は下がるし、経験が活かせないのも最初はキツそう」

いくらでも情報を集められる分、データ・インスパイアドされ、考えが右往左往してしまいます。

あなたにも、そんな経験があるのではないでしょうか。だからこそ、事前に「デフォルト設定」を作る必要があるわけです。

永続的価値が「自由」の人が「なぜ、転職したいと思ったのか？」を掘り下げていき、「今より多くの自由時間が欲しい」という道具的価値が見えてきたとします。それが「デフォルト設定」、**あなたが転職の決断をするために役立つ「軸」**となります。

ここでは、社会のルールや世間体よりも、個人的な価値観を大事にしましょう。仮に「自由な時間」で実現したいことが「家でごろごろ」でも、誰に後ろ指をさされることもありません。人からどう思われるかは気にせず、本心に従うことが大切です。

こうして「自由時間を増やせる企業」という判断軸をもって転職情報を見てみると、決断が明確になっていることに驚くはずです。

福利厚生が充実していて有給消化率の高いA社と、給料が月3万円多いB社があったとしても、迷わずA社を選択できるようになるはずです。

ただ、気をつけることが1つだけあります。たとえば、「今いる会社で人間関係の悩みを抱えているから、次は人間関係の円満な会社を探したい」というのは「デフォルト設定」になりません。なぜなら、対人関係の相性はデータ化できないからです。

離職率も低く、外から見ると人間関係が良好そうに見える会社があったとしても、そこに最悪の相性の上司がいる可能性はゼロではありません。

ですから、**「人間関係の悩みを抱えたくない」**が転職の理由なら、**「自分がオーナーになる」「フリーランスになる」「できるだけ人とのコミュニケーションが少ない業**

種」が「デフォルト設定」となります。

この「デフォルト設定」をもって転職を決断することで、「もっといい会社があるかも」などと悩み続ける、青い鳥探しから脱することができるようになります。

▼「とりあえずビール！」の決断は、正しいか？

「デフォルト設定」は、たくさんあるデータや選択肢から本当に必要なものを選び、決断するために役立ちます。

たとえば、一仕事終えて、喉が渇いたまま立ち寄った居酒屋で「とりあえずビール」と注文して、ひどく後悔するような事態にはなりません。

冷たくておいしいし、ほっと一息つけるはずです。

それから改めてメニューを広げ、何を食べるか、次に何を飲むかを検討すればいいのですから、その決断は間違っていません。そこで、ワインが飲みたいな……と思ったら、ビールは半分くらいでやめておいて、オーダーすればいいわけです。

「デフォルト設定」は「とりあえずのビール」くらいの感覚で捉えましょう。いきなり「今日を締めくくる最高の1杯は？」と考え始めたら、何も始まりません。

ただし、デフォルト設定から外れた選択をしなくてはいけないときもあります。

たとえば、「自由になる時間」を求めて転職活動を進めていたけれど、その間にパートナーとの結婚が決まった、家族が増えることがわかったなど、より現実的にお金が必要になったとしたら、優先すべきことが変わります。

そんなときは、今度は「お金」や「福利厚生」を基準にしてデータ・ドリブンし、転職先を探していけばいいだけです。**一度定めたデフォルト設定に縛られる必要はありません。**変化に対応する柔軟さは常に残しておきましょう。

たくさんある選択肢から最良のものを選ぶときは「デフォルト設定」を使う

Complex——理想はあるのにどうすればいいのかわからないときの決断法

▼なぜ数学者は、デート中に数式の解き方をひらめくのか？

これまで見た映画やドラマの中で、こんな描写を目にしたことはありませんか？

▼原稿に行き詰まり、部屋の中をノシノシ歩き回る小説家
▼ある数式が解けずに頭を抱えていた数学者が、気になる相手とカフェで休憩しているとき、はっ！　と閃き、デートを投げ出し、研究室に戻っていく
▼猛烈に疲れ切って自宅に帰り着き、シャワーを浴びている間に何かを思いつき、バス

ルームから飛び出し、メモを取り始める主人公

▼時は戦国、不利な戦況で進む合戦の最中、周囲の動揺をよそに天幕の下で茶を点てる武将。一口飲み、黙考した後、まぶたを開き、全軍に下知を飛ばす

いずれも観客からすると、意味不明な行動です。

締め切りが近いのに原稿から離れて、部屋を歩き回る。デート相手がカフェに置いてきぼりにされる。疲れているなら早く寝ればいいのにメモを取る。戦時中はどう見ても呑気に茶を点てている場合ではない。

でもじつは、**彼らのこの意味不明な行動にこそ「複雑」な状況で正しい決断をするためのヒントがある**のです。

それぞれの登場人物の中には、その行動が今、向き合っている「複雑」な状況に光を当てるきっかけとなる予感があります。そして、舞い降りてきた閃きを活かした決断を下し、物語はそこから大きく展開し始め、観客である私たちはワクワクとその行き先を追いかけていくことになるのです。

さて、話を決断のルールに戻しましょう。

「単純」「面倒」に続き、「複雑（complex）」な状況での決断のルールです。

「複雑」は理想的な解が見えているものの、どうすればその結果が得られるのかがわからずにいる状況です。環境は流動的に変化し、以前うまくいった方法が通用するか予測できません。

たとえば、「独立して飲食店を始めようと思っている。成功させたいから、完璧な立地を探しているけれど、どこがいいのか……」「そろそろいい年齢になってきたので、幸せな結婚をしたい。どうすれば幸せな結婚ができるのか……」など。それぞれ「開業」「結婚」と理想とする解は見えていますが、そこに至るルートはまさに複雑で、多くの選択肢があり、どの選択が正解かわかりません。

また、いざ行動を起こしても、同じように「開業」を考えているライバルと同じ立地を争うケースもあれば、ようやくいい人に出会ったと思ったら「幸せな結婚」の捉え方が違うといった予測不可能な出来事にも見舞われます。

つまり、**新しいことを始めようとしたときに直面する「複雑」な状況は「面倒」に比べると、あなたがコントロールできない要素が多くなっているの**です。

▼「新しいことを始める」決断をするとき、気をつけること

そんなとき、どのように決断をしていけばいいのでしょうか。クネビン・フレームワークの研究チームは対策として、次のような提案をしています。

「失敗してもかまわないような実験をいくつか行い、状況を解決するようなパターンが創発してくるのを待つのが、最適な行動となる。具体的な解決策を求めるよりも、何らかの創発を起こす方向で考えるのがベストなので、アイデアの創出を促すような手法を使うと良い。たとえば、話し合いを広げる、反論と多様性を奨励する、などである」

簡単に言えば、**「良さそうなアイデアを思いついたら、試してみること。それをくり返しながら、うまく求める解にたどり着くルートはないか探っていきましょう」**ということ。そして、良さそうなアイデアを思いつくには「関連する情報や専門家のア

ドバイスを集め、幅広く検討する」のがオススメです、と。

つまり、「面倒」で解説した「デフォルト設定」は「複雑」な状況でも役立つのです。ただし、ここでは次のステップを同時並行で進める必要があります。

①デフォルト設定に合ったいくつかの選択肢を同時に試してみる
②試した経験を感触のいいもの、悪いものに分け、いいものを続ける
③感触のいい選択の経過を見ながら別の選択肢も試してみる

「デフォルト設定」を何度もくり返し、じわじわと解に近づきながら、成功と失敗の経験を積み重ねていくイメージです。

なぜ、そこまで遠回りをする必要があるのでしょうか。

それは「複雑」な状況では、取り巻く環境が大きく変化する

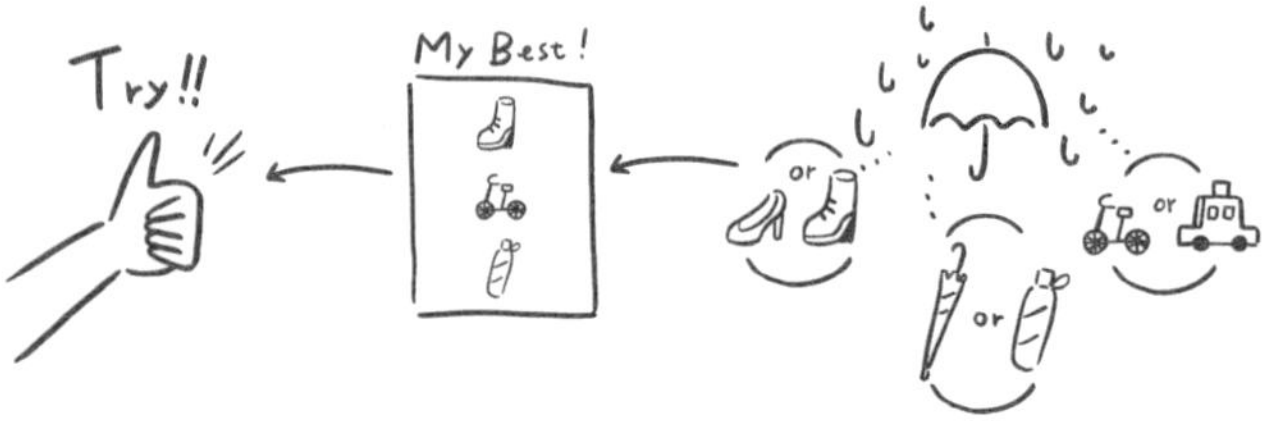

ことがめずらしくないからです。昨日まではこの選択肢のまま進めば良さそうだったのに、急に条件が変わり、通用しなくなる危険性があります。

だからこそ、**同時並行でいくつものトライ&エラーを行い、あなたの求める解に近づきそうな方法を探るのが、遠回りのようでいて、もっとも確実な方法**なのです。

▼「1つのバイトを長くやる」「バイトを100個やる」、どちらがいいか？

私には、大学生時代に100以上のアルバイトをしたという経営者の知り合いがいます。彼はおじいちゃんから「バイトを100個やれ」とアドバイスされ、当時は意味もわからず実行したそうです。

本人は経営者として成功した今、おじいちゃんの教えの意図をこう解釈していると教えてくれました。

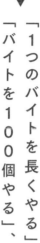

「普通に就職活動しても、大学生の少ない知識と経験では何も判断できない」

「だから、世の中にあるどの仕事のどういうところが辛く、楽しく、どんな能力が求められ、そこで働く人は何に悩んでいるかを見てこい」
「そのうえで、自分のやりたいことを見つけろ」

彼のおじいちゃんの教えはまさに「複雑」な状況への対処法となっていました。つまり、まずは多くの経験をして、そのなかから「長く続けるたった1つ」を決断するという順番がいいのです。

流動的で予測できない環境とは、同時に自分の知識、経験が足りないという意味でもあります。すると、何が問題なのかが見えません。これは、答えがないのではなく、何が問題なのかもわからなくなっているのです。

しかし、試行錯誤をくり返して知識と経験を増やすと、流動的で予測がつかないと思えた環境にも一定のパターンがあることに気づけます。

つまり、複数の「デフォルト設定」でいくつもの選択肢を試してみると、このルートなら求めている解に近づくのでは？　という選択肢がいくつか見えてきます。ここまで達したら、「複雑」の決断のルールとして紹介した「VARI」の後半の2つ、「R」と「I」の出番です。

▼ Rational Decision Making（理性的な決断）……決断可能な選択肢をリスト化する
▼ Intuition（直感）……感情に沿って考えてみる

この「理性的な決断と直感」が決断に役立ってくれます。

▼直感で決めていいのか？

決断のルール、「理性的な決断と直感」の活用方法です。

①選択肢をリスト化する

可能なら、ホワイトボードを用意します。そして、そこに今、良さそうだと感じている選択肢を書き出していきましょう。1個、2個ではなく、書けるだけ書き出します。もし、ホワイトボードの用意が難しければ、付箋に書き出して、テーブルにペタペタと貼り付けていきましょう。

②3つに絞り込む

続いて、あなたの永続的価値と照らし合わせ、選択肢を3つ前後に絞り込みます。

③直感で決める

この段階までできたら、「Intuition（直感）」の出番です。

「えっ、直感？　そんなものに頼っていいの？」と思うかもしれません。

でも、今は、直感を使ってもいいときです。なぜなら、試行錯誤をくり返してリスト化し、価値観とも照らし合わせて3つ前後に絞り込んだ選択肢は、どれもあなたにとって決断に足るもののはず。

それを満足度の高い決断にするには、最後の最後で感情を満たしていくことが重要です。なぜなら、「これだ！」と閃いた選択については、実行し、継続するモチベーションが高くなるからです。

もちろん、最初から直感に頼ってはいけません。それは後悔につながります。大切なのは理性的に考え、冷静に取捨選択し、試行錯誤して感触を確かめた選択肢に対してだけ、最後の最後で本能を乗せることなのです。一見、矛盾しているようですが、ここには科学的な裏付けがあります。

▼「直感」を信じていいたった1つの状況

じつは、**十分に経験を積み、知識を蓄えたことについては直感に頼ることで良い決断ができる**のです。

神経科学的に言えば、エピソード記憶と感情記憶が蓄積されている物事については、脳が無意識のうちに思考を続け、ふとした瞬間に「役立つ答え＝閃き」をプレゼントしてくれます。

先程書いた、このシーンを覚えていますか？

- ▼原稿に行き詰まり、部屋の中をノシノシ歩き回る小説家
- ▼ある数式が解けずに頭を抱えていた数学者が、気になる相手とカフェで休憩しているとき、はっ！　と閃き、デートを投げ出し、研究室に戻っていく
- ▼猛烈に疲れ切って自宅に帰り着き、シャワーを浴びている間に何かを思いつき、バスルームから飛び出し、メモを取り始める主人公

▼時は戦国、不利な戦況で進む合戦の最中、周囲の動揺をよそに天幕の下で茶を点てる武将。一口飲み、黙考した後、まぶたを開き、全軍に下知を飛ばす

これはつまり、**経験のあることについて、十分な情報集めと試行錯誤をした後に、意味のない行動を挟むと、直感が働いてくれる**のです。

あなたも仕事で案がまとまらず、残業を重ね、もう限界となった後、歩きながら帰宅しているときや、お風呂に入ってリラックスしているときに、解決策が閃いた！といった経験をしたことがあるのではないでしょうか。

「複雑」な状況と直面し、最善だと思える決断を下せない。そもそも良さそうな選択肢も見つからないと悩んでいたところから、「デフォルト設定」を使い、同時並行でトライ&エラーをくり返し、自分の価値観から外れない3つ程度の選択肢を絞り込む。

この一連の過程で、あなたは十分な情報と知識を手に入れています。

だからこそ、最後に直感に頼ることで閃きがやってくるのです。

▼決断ミスを引き起こす3つの行動

クネビン・フレームワークの研究チームは、次の3つの行動は「複雑」な状況をさらに悪化させてしまうと指摘しています。

▼事態をコントロールしようとしてしまうこと
▼都合の良い事実を探してしまうこと
▼問題解決を急ぎすぎてしまうこと

「これまでの経験ではうまくいったから」「いくつも比較検討している時間がないから」「やってみたらうまくいくかもしれない」「急いじゃいけないのはわかっているけど、落ち着かないから」と見切り発車で決断してしまうと、後悔する結果になります。

私も「複雑」な状況に直面した場合は、できる準備をしたなと思えたら、後は意識的にまったく別のリラックスできることを始めます。

猫たちと一緒にゴロゴロしたり、マンガを読んだり、シャワーを浴びたり……。すると、高い確率で込み入った状況をほどくヒントが降りてきます。

やれることはやったら焦らず、「果報は寝て待て」です。

そして、これはいい結果が出た後にわかることですが、「複雑」な状況を乗り切っていった過程を振り返ると、なぜ成功したかの道筋を確認できます。また、決断が失敗に終わっても、うまくいかなかった理由を遡り、学ぶことができます。これが次章の4章で扱う「混沌」との大きな違いです。

「複雑」な状況としっかり向き合い、十分な準備の末に決断を下すことができれば、その結果が成功でも失敗でも、あなたの大きな財産となります。経験値を得たことで、その後、仕事、プライベートで似たような局面を迎えたとき、次の決断をスピーディーにし、さらに決断ミスを減らしてくれるからです。

理想があるのにどうしていいかわからないときは、同時並行でいくつものトライ&エラーを行う

第4章

答えのない問題でも「2つのルール」を知れば決断できる

Chaotic——答えのない問題を解決に導く方法

▼「答えのない問題」を解決するための「決断のルール」とは？

ある神学者が残した言葉を紹介します。


『神よ、変えることのできるものについて、それを変えるだけの勇気をわれらに与えたまえ。

変えることのできないものについて、それを受けいれるだけの冷静さを与えたまえ。

そして、変えることのできるものと、変えることのできないものとを、識別する知恵を与えたまえ。』

（大木英夫著『終末論的考察』中央公論社）

これは1944年、アメリカの神学者ラインホールド・ニーバーがマサチューセッツ州西部の山村の小さな教会で説教したときの祈り。その場に居合わせた人物が書きとめ、後に「ニーバーの祈り」として伝えられ、広まっていった言葉です。

クネビン・フレームワークの研究チームは、**「混沌」の状況の特徴について「因果関係がはっきりせず、適切な解を探しても意味がない。コントロールできるパターンも存在しない。数多くの意志決定を下す必要があり、考えている余裕もない」**としています。

つまり、正しい決断などできる状況ではないと指摘しているのです。

そのうえで研究チームは次のような対策を提案しています。

▼決断によって受けるダメージが最小限になるよう心がけること
▼状況を整理しながら、選択肢となりそうな要素を探っていく

▼「混沌」な状況を「複雑」な状況に移行させる一方、自分の新たな可能性を探っていく

つまり、**答えのない決断をするときは、最善を見つけるために足踏みするよりも、小さく行動を起こしながら、状況を整理していく**ことを勧めています。

まさに「ニーバーの祈り」の「変えることのできるものと、変えることのできないものとを、識別する知恵を与えたまえ」の世界。

まず目指すのは、「混沌」を整理して「複雑」な状況に持っていくことです。そうすれば、第3章で紹介した決断のルールであなたの求める解にたどり着くことができます。

「変えることのできないものについては、それを受けいれるだけの冷静さ」を持って状況を変化させる努力をし、「変えることのできるものについて、それを変えるだけの勇気」を発揮していきましょう。

▼答えのない問題を解決するために、絶対にやってはいけないこと

まず認識しておきたいのが、「混沌」とした状況にいるとき、私たちは混乱し、通常の判断力、決断力を発揮することができないということです。答えの出ない悩みについて考えるうち、思考が袋小路に入り、軽いパニック状態に陥っているからです。

たとえば、あなたが今働いている職場でトラブルに巻き込まれ、問題に対処するうち、「どんな仕事をすれば、自分は幸せになれるのか？」「そもそも自分に仕事は必要なのか？」といった内面を深く掘り下げる問いに悩むようになったとしましょう。

当然、こうした自問自答には正解がありませんから、答えが出ません。それでも考えずにいられない――これが「混沌」の状況です。

もし、ここで思考停止状態に陥り、自分は「単純」な状況にいると思い込み、安易に仕事を辞めるなどの決断を下したら、後悔することになるはずです。

クネビン・フレームワークの研究チームの言う「決断によって受けるダメージが最

小限になるよう心がけること」は、安易な決断を避けるアドバイスでもあります。

では、**決断によって受けるダメージを最小限にするためにはどうしたらいいのでしょうか？　それは、答えの出ない悩みの原因、直面している問題の根本を、しっかりと掴むこと**です。

目的地が東にあるのに、南に向かってしまってはどれだけ歩いてもたどり着きません。悩みの原因、問題の根本を自覚せず、闇雲に選択と決断をくり返しても「混沌」は増すばかりです。

自分が今いる場所（悩みの原因、問題の根本）はここで、向かうべき方角はこっちだ！と理解すること。これが決断によって受けるダメージを最小限にするための条件です。

そこで役立つのが**「HARM（ハーム）」**という考え方を決断のルールとして使い、あなたの悩みの原因、問題の根本をざっくり掴むことです。

では、「HARM」とは一体なんでしょうか？

心理学の研究では、人間の悩みの9割は4つに分類されます。「HARM」は、その4大ジャンルの頭文字です。

▼「H」は「Health」、健康。ダイエット、外見の変化、病気、加齢など、心身にまつわる健康問題の悩みはすべてここに含まれる

▼「A」は「Ambition」、野心や大望。理想の仕事、出世したいという願望、社会的な成功への期待などについての悩みが含まれる

▼「R」は「Relation」、人間関係。会社での人間関係、友人、知人、恋人、結婚、離婚、子育て、家族関係の悩みが含まれる

▼「M」は「Money」、お金。収入の増減、投資、借金、年金、住宅の購入など大きな買い物についての悩みが含まれる

答えのない問い、「混沌」な状態にいるあなたの悩みの原因、根本が、この4つのうちどれに当てはまるかを探っていきましょう。

▼答えのない問題を解決に導く「HARM」のテクニック

まずは、ノートやメモ、ホワイトボードなどに大きく十字を書きましょう。そして、左上にH、右上にA、右下にR、左下にMの枠を作ります。

準備ができたら、「私が抱えている悩み、直面している問題は『HARM』のどれに当てはまるか。どれか1つしか選べないとしたら、どの枠に入るだろう？」と問いかけます。

たとえば、「どんな仕事をすれば、自分は幸せになれるのか？」という悩みには、3つの要素が含まれています。

▼「A」なら「もっと自分を評価してもらいたい」「十分に力を発揮して活躍したい」「社会の役に立つ仕事がしたい」「年功序列に辟易している」

▼「R」なら「人間関係に悩まされない職場に移りたい」「周囲に認められ、幸せを感じながら仕事がしたい」

▼「M」なら「もっと稼ぎたい」「働きに見合う金銭的な評価を得たい」「同世代より豊かな暮らしができる仕事に就きたい」「お金よりも時間的な自由が欲しい」

仕事に関する悩みが「混沌」まで深まってしまっているのは、「A」「R」「M」それぞれが絡み合って、自分が何に困っているのかがわからなくなっているからです。

そこで、「HARM」に当てはめて、悩みの奥にある一番解決したいと思っている問題をざっくり掴んでいきましょう。すると、「混沌」な状態を引き起こしている原因の1つがはっきりと見えてくることがあります。

たとえば、「どんな仕事をすれば、自分は幸せになれるのか?」を「M」に当てはめることができれば、仕事の悩みのようであって、じつは「お金」について抱えている不安が問題の根本だったと気づけるわけです。

あなたが悩み、混乱している問題の奥にある本音が「もっと稼ぎたい」だったなら、次は「なぜ、稼ぎたいのか?」「いくらあればいいのか?」「稼いで何をしたいのか?」など、より細かく自分が何を求めているか分析できます。

つまり、**「HARM」を使うと、あなたが進むべき方向性がはっきりする**のです。これによって悩みが整理できれば、「混沌」とした状況が少し改善します。すると焦って決断を下す可能性が低くなり、無駄なダメージを受けずに済むわけです。

▼「何を悩んでいないか？」を考えると、答えのない問題に道が開ける

ちなみに、自分が直面している問題が「HARM」のどこに当てはまるのかがわからないケースもあります。

「そもそも自分に仕事は必要なのか？」「一度は結婚してみるべき？」といったぼんやりとした大きな悩みの場合、「H」「A」「R」「M」のどれがもっとも深く関わっているのか自分ではよくわかりません。むしろ、よくわからないからこそ、「混沌」としてしまっているわけです。

そんなときは、先程とは逆に「H」「A」「R」「M」のうち、**今、あなたが比較的持っているもの、強く不満や不安を抱えていないジャンルはどれだろう？　と考えて**

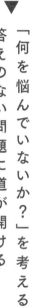

みましょう。

すると、消去法で悩みの方向性をあぶり出していくことができます。

たとえば、「そもそも自分に仕事は必要なのか？」と悩む若い人がいたとしましょう。

▼元気だし、持病もないし、健康。だから、「H」は満たされているな

▼いい会社に入りたい、出世したい、誰かに評価されたいとは、そこまで強く思っていない。友達がいて、毎日が平穏なら十分。だから、「A」はそんなに求めていないな

▼友達とはいい関係でいたいし、地元の仲間とはうまくやっていきたい。恋人は欲しい。そうい

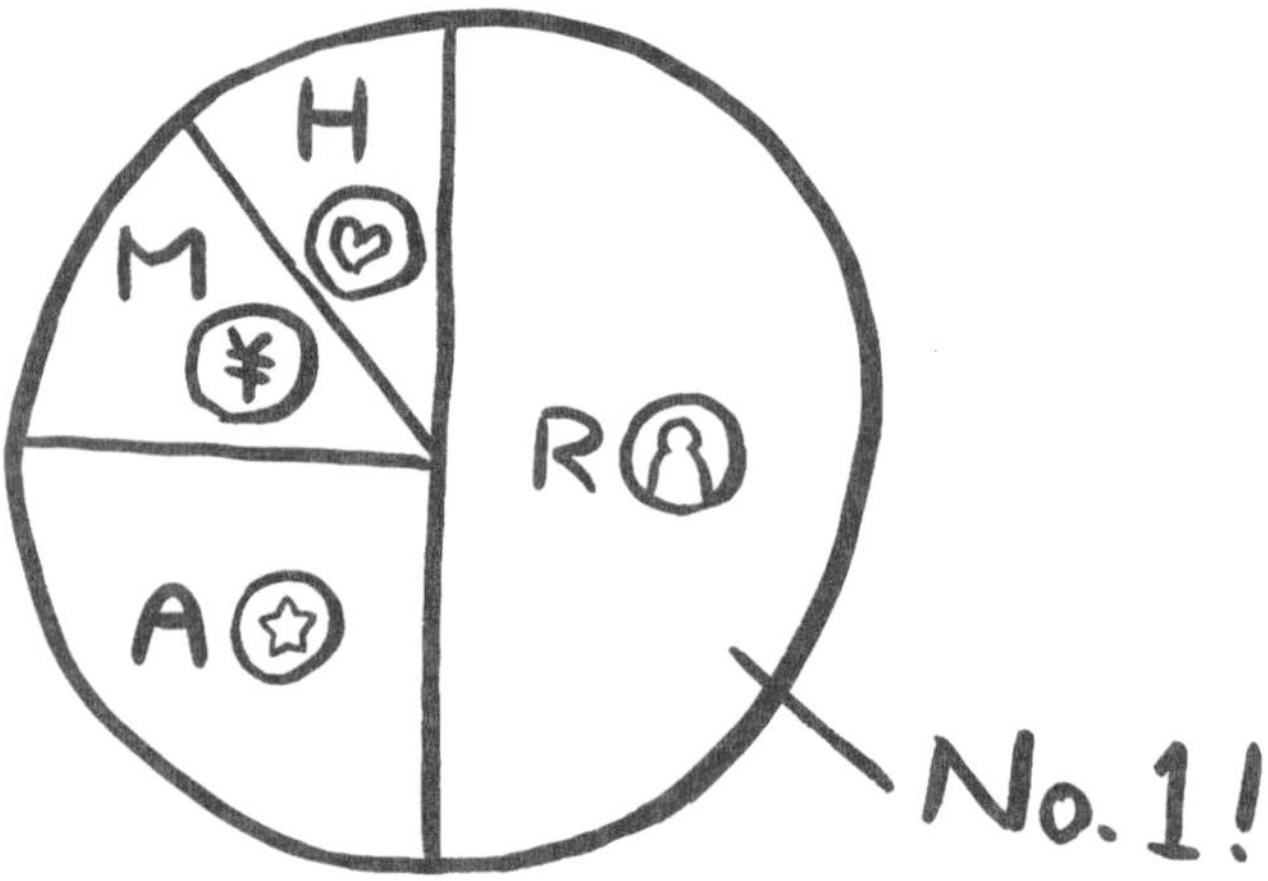

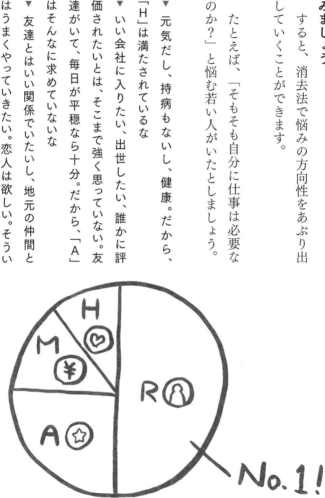

う意味では、「R」は大事だし、今はちょっと物足りないかも

▼実家で暮らしているし、生活していく分にはバイトで十分。高いものも欲しくない。だから、「M」の悩みはあまりないかも

こうやって「HARM」を使って考えていくと、「H」と「A」と「M」が消え、「そもそも自分に仕事は必要なのか？」という悩みが「R」と結びついていることが見えてきます。1つに絞り込むことができれば、ひとまずOKです。

今度は**どうしたら「R」が満たされるのかを考えていきましょう。**

自分に必要なのは、人間関係が充実する仕事かもしれない。そう仮決めすると、どんな職業がそれに当てはまるのか、その職種に就くにはどんな準備が必要か、今の自分に足りているもの、足りないものは何かなど、選択肢が見えてきます。

▼「一度は結婚してみるべき？」と悩んだときの解決法

では、身近な例で実践してみましょう。

「一度は結婚してみるべき?」と悩んでいる30代半ばの人がいたとしましょう。そんなときは、このように考えていきます。

▼今は健康だけど、この先を考えると「H」は、少し不安。老後を一緒に過ごせるパートナーがいて欲しいかも

▼そこそこ満足できる仕事をしているし、若い頃にみたいに「名を上げたい!」というような野望もないから、「A」の悩みはない

▼パートナーがいて、子どももがいたら……と想像することが増えてきているから、「R」を求めているのかも

▼コツコツ貯めてきたお金もあるし、ちょっとずつ資産運用もしていて、「M」ではそんなに困っていないかも

こちらは「A」と「M」が消え、「一度は結婚してみるべき?」という悩みに「H」と「R」が深く関わっているようだと気づくことができます。

このように2つのジャンルが残った場合、「将来への健康の不安」と「家族が欲し

い」という思いのどちらが強いかを比較し、1つに絞り込むようにしてください。

そこで、「家族が欲しい」思いが強く、自分にとって「R」が大事だから「一度は結婚してみるべき?」と悩んでいたのかと理解したら、その解決に向けてやれそうなことも見えてきます。

結婚している友達に話を聞いてみる、離婚した友達に話を聞いてみる、両親に話を聞いてみる、恋人がいるなら恋人の考えを聞いてみる、恋人がいないならどうしたら出会えるかを考えてみる……など。選択肢となりそうな要素を集めることで、「混沌」としていた状況が少しずつ整理されていきます。

▼私がテレビに出るのをやめるかどうか? の決断ができた理由

私はテレビに出演するパフォーマーとしてのメンタリストDaiGoをやめたいと悩んでいたとき、「HARM」を使って「混沌」から「複雑」へ決断の状況を変化させました。

当時、ぼんやりとやめたい、このままだとストレスに押しつぶされると思いながらも、向かうべき方向がなかなかはっきりせず、依頼があるたびにテレビ出演を続けていました。

▼若いし、健康。「H」の不安はなし。でも、テレビ出演を続けるストレスが逆に悪影響を与えている

▼テレビの世界で成功したい！　という野心はない。だから、テレビに関する「A」はなし。もっと別の分野で成功したい

▼そもそも人間関係に重きを置いていないから、テレビ関連の「R」が途切れてしまっても問題なし。本を読み、猫と過ごせれば、幸せ

▼次に「M」。自由と好奇心を満たすために、お金は大事。別の分野に進むためにも、本を読み、猫と暮らすためにもお金は必要

書き出しながら考えてみると、とりあえずの方針が定まりました。

テレビの仕事を減らしながら、別のジャンルでしっかり稼げる方法があるか実験していく。そう仮決めしたことで、私は状況を整理しながら、決断の選択肢を探り始め

ることができました。

まずは稼ぎが必要。そのためには、どんな選択肢がある？　どんなやり方が自分に向いている？　と。その過程で決断の状況は徐々に「混沌」から「複雑」へと移行していき、本の出版、講演、企業のコンサルティング、メルマガ、動画配信など、試行錯誤を本格化。その先に今につながる、ニコニコ動画での心理学に関する動画配信という「M」を満たす鉱脈に行き当たりました。

▼脱・優柔不断に役立つ「デバイアス対策」

さあ、「答えのない問題での決断方法」も、いよいよ大詰めです。進むべき方向が大雑把に掴めたら、状況を整理しながら、決断の選択肢を探していきます。

その際、役立つ決断のルールが**「デバイアス対策」**です。

これは2013年にペンシルベニア大学の研究チームがまとめたもので、過去に行われた「デバイアス」「バイアス解除」の論文や文献をレビューし、12の対策を提案。

今回はそこから「混沌」の状況下で有効な5つをピックアップしました。

私たちは迷い悩んでいるときほど、バイアス（思考や判断に特定の偏りをもたらす思い込み）によって判断力、決断力が曇ります。

選択肢を比較検討するときに、次の5つの「デバイアス対策」を使ってチェックすることで、決断ミスを確実に減らすことができるようになります。

デバイアス対策 1

ワンアットタイム戦略

これは、多くの選択肢があるときにうまく比較検討するためのテクニックです。

1つ1つの選択肢について、選択肢AとBを比較検討するのではなく、AのメリットとデメリットB、Bのメリットとデメリットを考え、吟味していきます。

1つずつ比較検討していったほうが、バイアスに引っ張られた決断となりにくいからです。

たとえば、「自分には人間関係が充実する仕事が必要かもしれない」と仮決めしたとします。そして、A社、B社、C社と業種の異なる会社を選択肢のサンプルに使うとしましょう。

そのとき、A社とB社を比べるのではなく、人間関係という視点から見てA社で働くことのメリット、デメリット、B社で働くことのメリット、デメリット、C社のメリット、デメリットを吟味します。そこで働く自分を具体的に想像することで、慎重な判断ができるようになるのです。

デバイアス対策

2

前向きハインドサイト

これは、早く決めようとすることによる決断ミスを防ぐテクニックです。

私たちには基本的に自分の決断の成功率を高く見積もるバイアスが備わっています。

このバイアスは、自分の思い込みに都合のいい情報へと意識を向かわせ、私たちの判断力を曇らせます。

そこで、前向きハインドサイトです。

ハインドサイトとは、後知恵のこと。前向きハインドサイトとは、選択肢を検討するに当たってあえて「自分は失敗するのではないか？」「この判断は間違っているのではないか？」と考えるテクニックです。

自分がいいかもしれないと思っていることに対して、あえて逆の視点を入れて見直すことで、焦って決断してしまいそうなときにブレーキをかけられます。

デバイアス対策 3

アカウンタビリティ

これは、思考を整理して、決断の精度を高くするためのテクニックです。

パートナーや友達、同僚など、身近にいる第三者に対して、これから自分がしようとしていることを説明してみましょう。

言葉にしてアウトプットすることで思考が整理され、「混沌」とした状態の一部分を客観視できるようになります。また、説明を聞いた相手の反応から、向かっている方向や選択肢になりそうな要素が、評価に足るものなのかどうかも見定めることができます。

また、過去に同じような悩みを抱え、乗り越えた人がいるなら、その人から経験談を聞きましょう。後悔のない決断を下すことのできた人からのアドバイスを受け、似たような行動を取ることであなたの自己コントロール能力も高まるからです。

デバイアス対策

4

フォースド・ブレイク

これは、焦りや戸惑いからくる判断ミスを防ぐテクニックです。

意識的に小休止を取りましょう。

特に焦って物事を決めようとしているときこそ、休憩が重要です。勢いのまま動いて後悔するのを避けるには、ゆっくり考える時間が不可欠。そのために目を閉じ、手と頭を休める時間を持ちましょう。具体的には1時間に1回、小休止を入れるのがおすすめです。

デバイアス対策 5

アドバンス・チョイス

これは、決断にくじけそうになったときの対処法をあらかじめ決めておくテクニックです。

答えのない問題を前に、冷静に物事を検討するのは難しく、ストレスがかかる行為です。

とはいえ、途中で投げ出してしまっては「HARM」を使った意味合いがなくなってしまいます。そこで、選択肢となりそうな要素の検討に疲れてきてしまったとき、投げ出して現状維持に走ろうとしたときのための対策を決めておきましょう。

たとえば、「ああ、もう、めんどうくさいな〜〜」と思ったら、「〜〜」の間に、

「もうひと踏ん張りしよう！」と自分に声をかける。私は「もう無理だ、限界だと思ったら、もう2回だけ、がんばる」という対策を実践しています。

そんなふうに、くじけそうになる自分を励ます方法を事前に用意しておきましょう。

私たちは、目の前に辛いことが迫ってくると、簡単にバイアスに流されてしまいます。でも、5つの「デバイアス対策」を使えば、決断の先延ばしを防ぎ、良い決断ができるようになるのです。

▼倒産寸前のAppleをV字回復させた、ジョブズのある「決断」

じつは「答えのない問題」、つまり「混沌」とした状況には、大きなチャンスが隠されています。

たとえば、スティーブ・ジョブズが復帰する前の1997年7月。Appleはまさに「混沌」とした状況に陥っていました。個性を失った製品をリリースし続けたことでファンは離れ、倒産目前まで追い込まれていたのです。

そんななか、臨時CEOとして復帰したジョブズは「混沌」の中で、進むべき方向性を定めます。それは**コンピュータとOSという2つのコアな事業だけを残し、それ以外の事業部と製品群を片っ端から切り捨てるという決断**でした。

ジョブズが追放され、復帰するまでのAppleはプリンタ、サーバ、モニタ、デジタルカメラ、アプリケーションソフトウェア、各種アクセサリなど、コンピュータ関連の製品を幅広く扱うメーカーになっていました。

それらをバッサリ捨てる判断をし、状況を「混沌」から「複雑」、「複雑」から「面倒」へと変化させたのです。

そして、ジョブズが復帰した翌年に送り出したのが、ディスプレイとコンピュータが一体となったiMacでした。Appleの個性と強みを印象付ける新製品は業界とファンに衝撃を与え、ここからiPod、iPhoneへとつながっていくAppleの「第2の春」が始まったのです。

この**V字回復のきっかけとなったのが、倒産寸前の「混沌」の中で下した決断**です。

かつて追放した創業者をCEOとして迎え入れる決断、既存の製品と生産ラインをすべて捨てて、2つだけに絞り込んだ決断。クネビン・フレームワークの研究チームも「混沌の中にはイノベーションの機会が埋もれている」と指摘しています。

そして、これは個人にも当てはまります。

もうどうしたらいいのかまったくわからない……という状況に陥ったからこそ、人生を一変させるような気づきが得られる可能性があるのです。ピンチはチャンスと言ってしまえば月並みに聞こえますが、「混沌」とした状況にはあなたを強くするヒントが隠されています。

それを見つけるためには、「混沌」を「複雑」に移行させることに頭を働かせる一方で、異なる視点から自分を変えていく戦略を考える時間を持ちましょう。

現状を切り抜けるための戦略に使う時間と飛躍のための戦略を考える時間。その割合は8対2程度でかまいません。

私の経験で言えば、テレビの仕事をやめようと悩む「混沌」とした状況の中で、月収が3万円まで落ちたことがあります。

パフォーマーとしての最盛期はテレビ出演、全国でのディナーショーを休みなくこなして年収1億円弱でした。そこからの転落です。なんとか元の収入を取り戻そうと必死になりそうな気持ちを抑え、私は他の稼ぎ方を探っていきました。

テレビに戻っても仕方ない、と。それだけははっきりと決断して違う方向に目を向けたわけです。企業向けの講演、コンサルティング、本の出版、メルマガ、動画配信……。その中から、今につながる会員限定動画の仕組みにたどり着いたのは先程、書いたとおりです。

答えのない問題を前にして苦しんでいるときは、問題を解決するために使える時間の8割を向け、2割を新しい自分の方向性を探ることに使いましょう。その決断が、「混沌」を抜け出した後に起きる人生を変えるような展開につながっていきます。

答えのない問題で決断をするためには、「HARM」と「デバイアス対策」を活用する

第5章

科学が証明した、決断ミスを減らす7つのアプローチ

科学が証明した決断ミスを減らすテクニック

決断ミスを減らす7つのテクニック

完璧主義に対する対策、4つの決断の状況に合わせて役立つ決断のルールを学び、あなたの決断力は以前よりも高まってきました。

しかし、どれだけ知識を学び、実践し、体験の数を増やしても、決断ミスをゼロにするのは難しいことです。

特に決断の直前、直後、また決断に至るまでの選択肢を広げ、絞り込むなかで、意志決定の邪魔をする要素をすべて排除することは難しいものです、私も「ああ、こんなはずじゃなかったな」と思う瞬間は今でもあります。

ミスの原因となっているのは、楽観、油断、恐怖、不安といった感情の動き、目先の損得や短期的な結果にこだわってしまう意識、みんなと一緒でないと落ち着かないメンタルの不安定さなど。

でも、安心してください。それは世界中の研究者も同じようで、**心理学や行動経済学、脳神経科学の見地から決断にまつわるミスを減らすためのさまざまなテクニックが研究、提案されています。**

第5章では、数多ある決断ミスを減らすテクニックから、みなさんにすぐに使ってもらえて効果が高そうな7つをピックアップしました。

あなたが身につけてきた決断のルールをさらにブラッシュアップし、決断の精度を向上させるために活用してください。

決断ミスを
減らすテクニック

1

くり返し決断ミスを引き起こすプロジェクション・バイアス対策

序章でも取り上げた「プロジェクション・バイアス」は、**その時々の感情や気分に引っ張られて意志決定してしまうバイアス**です。

▼年末年始の休みの間、「体を動かさないとな」「やせたいな」と思い、スポーツジムを契約。でも、春になる頃には幽霊会員化して、会費だけが引き落とされている……

▼まわりの友達に続々と恋人ができて「私も」「俺も」と焦り、知り合ったばかりの人に「いい人そう」「かわいいかも」と告白。でも、付き合いはじめたら、なんか違う……

▼テレビでブームになっていると知り、「乗り遅れたらいけない」「そんなにおもしろいんだ」とサブスクリプションサービスを契約して、見始めた外国ドラマ。でも、あれ？　何話くらいからおもしろくなるんだろう……

身近な例ですが、これもプロジェクション・バイアスの一種です。すごく良さそう！　役立ちそう！　と盛り上がった感情をベースにして、未来はこうなると考えてしまい、そうならないとがっかりする。逆に、本当に嫌だ！　信じられない！　というネガティブな感情が未来の利益を遠ざけるパターンもあります。

これは私たちがもっとも引っかかりやすい決断ミスで、どれだけ決断のルールを整えても「今、ここ」の感情が意志決定にブレを生じさせ、後悔する結果になりやすいのです。

実際、私たちはプロジェクション・バイアスに惑わされて反省しても、完全にこのバイアスの働きを止めることはできません。感情や気分の影響力はそれだけ強く、知識と経験があってもその場では「あ、プロジェクション・バイアスが働いているぞ！」と気づけないからです。

さらに、私たちは未来の自分に生じる感情を今、リアルに感じ取ることができません。先々、後悔するかも……という予感があったとしても、目の前の強い感情、衝動が優先され、わずかにあった懸念は吹き飛ばされてしまいます。

たとえば、子どもの頃から多くの努力を積み重ねて社会的に評価される立場を手に入れた人が、不倫騒動や暴力事件を起こして信用を失ってしまうケースはいつの時代もなくなりません。

決断の瞬間、一瞬でも「あ、これをやったら客観的に見て失うものが大きすぎるな」と冷静になれれば、行動にブレーキをかけられたはず。ところが、目の前の感情、衝動に突き動かされ、未来の後悔の種を蒔いてしまうのです。

▼お腹がすいているときに買い物に行くと買いすぎるのはなぜ？

こうしたプロジェクション・バイアスに関する研究はさまざま行われています。

たとえば、コロラド大学の研究チームは、「決断する状況と、それによって起きる未来の感情を想像するといい」とアドバイスしています。

身近な例で考えてみましょう。

あなたがスーパーに夕食の食材を買いに行くとき、お腹のすき具合で買い物に失敗したことはありませんか？

空腹で買い物をして、あれもこれも食べたいと思って惣菜も食材も買いすぎる。その結果、太ったり、食材を余らせたりしてしまうのです。

これはまさに、プロジェクション・バイアスの働きです。

空腹時は「お腹がすいた」という感情に引っ張られ、食べた後の状況がうまく想像できず、「あれも食べたい」「これもおいしそう」と買いすぎてしまうのです。

こうした失敗がなぜ起きるかと言えば、今の感情と未来の状況が分離しているからです。

夕食の買い物に行く目的は、食材を手に入れ、晩ごはんを作り、空腹を満たして満足感を得るためです。その満腹感を想像して、どのくらい食べたら満足かをイメージし、レシピと必要な食材を考えましょう。

コロラド大学のアドバイスを買い物の場面で活かすなら、あらかじめ夕食のレシピを決め、買うべき食材をメモにまとめること。「このメニューでお腹いっぱいになるな」と未来の感情を想像しながらスーパーへ行くようにすること。これで、空腹や満腹によるプロジェクション・バイアスに引っ張られずにすみます。

種明かしをしてしまえば拍子抜けかもしれませんが、つまりこれは、**客観的な基準を設けておき、決断時に感情の影響を切り離すということ。**未来の「感情」を想像しておくことが、プロジェクション・バイアスの対策となるのです。

こうした未来を想像することの効果を「10-10-10」（テン・テン・テン）というフレーズで、大人向けのテクニックに変えたのが、ジャーナリストのスージー・ウェルチです。

米GE社（ゼネラル・エレクトリック社）の元CEOジャック・ウェルチのパートナーでもある彼女は、著書の中で重大な選択をしなければならないときに役立つテクニックとして、「10-10-10」を提案。実際に、このテクニックを使って人生の重要な局面を乗り越えた人たちを紹介しています。

その主張はシンプルです。

「重要な意志決定をしなければならないときは、この選択をしたら10分後に自分はどう変わるのか。この決断をしたら10か月後に後悔しないかどうか。この道に進んだら10年後に自分は幸せになっているかを考えなさい」と。

私たちは重要な決断をするときも、衝動や欲求、目先の利益に影響を受けてしまいます。だからこそ、短期、中期、長期の3つの未来の視点から選択肢を見極めればいいのです。時間軸をずらし、未来の自分を想像することで決断ミスをなくせるようになります。

決断ミスを減らすテクニック 2

過去へのこだわりが今の決断を惑わせるメモリー・バイアスの対策

過去に経験した出来事の記憶が、現在の決断を惑わせることがあります。記憶が意志決定に影響を与える仕組みを「メモリー・バイアス」と呼びます。メモリー・バイアスそのものは誰にも備わっているもので、決断を歪める仕組みではありません。過去の経験を踏まえて、次はこうしようと考えるのはむしろ健全な決断の手順です。

ただ、メモリー・バイアスがネガティブに働くケースがあります。それは参考にしている記憶そのものが、歪められている場合です。

記憶が歪められている……と聞くと、なんだか恐ろしい出来事のように感じるかもしれません。でも、記憶というのはじつは柔軟で、時間とともに変化してしまうものなのです。

▼ケンカ別れをした学生時代の恋人の記憶が、時間がたつにつれて楽しかったデートやかけられた優しい言葉の印象が強くなり、「いい人だった」と美化されていく

▼一時は親友だと思えた友達の裏切りが許せなくて、険悪なやりとりの記憶を何度も思い出し、「最悪の人だった」と嫌悪してしまう

▼客観的に見ると、そこそこの成功体験なのに「あれは、すごかった」と自分を過大評価してしまう

▼「昔はワルだった」のワルは、大した悪事を働いていない

▼何度も同じような失敗をしては乗り越えてきたのに、たまたま最悪の結果になったケースだけ強く記憶に残って「自分はダメだ」と思ってしまう

こんなふうに、過去の記憶がいつの間にか改ざんされてしまうのは、よくあることです。

問題は、改ざんされた記憶であってもメモリー・バイアスが働いてしまうこと。美化しすぎた記憶、悲観しすぎた記憶を土台にして、今の出来事を決断してしまうことにより、公平な意志決定ができなくなってしまうのです。

こうした記憶の改ざんについて、ハーバード大学で行われた実験があります。

研究チームは62の路線を対象に地下鉄を使っている人たちに「自分が電車で乗り過ごしたときのことを思い出してみてください」と質問。すると、質問された人のほとんどが、自分にとって最悪の乗り過ごし経験を思い出し、そのエピソードを語りはじめました。

乗り過ごした経験は何度もあるのに、改めて問われると「最悪の記憶」を呼び起こしてしまう。これが改ざんされた過去の記憶です。

記憶を書き換えていく機能は、もともと人類が進化する過程で、災害や事故などの危険から身を守る役割を果たしてきました。リスクに特別な注意を払い、それらに敏感になり記憶に長く留めておくようメモリー・バイアスが発達したのです。

狩猟時代、狩りに出たときにある地域で肉食獣に襲われたという出来事があったとしましょう。その恐怖心をしっかり記憶しておけば、次に自分と仲間が捕食されてしまう可能性を減らすことができます。こうした経験の積み重ねから、私たちの脳はネガティブな記憶ほど強く残りやすい性質を備えています。

ただ、こうした記憶の仕組みの問題は、自然界では有益に働いてくれたものの、現代の人間社会ではあまり役に立たないことです。

何かネガティブな事態が起きる直前に会っていた人のことは、「この人と会うと嫌なことが起きる」と記憶されます。あるいは、仕事で大きなミスをした場所に行くと「また失敗するのではないか?」と不安になります。

メモリー・バイアスは本来、因果関係のない2つの要素を結びつけ、私たちの決断に影響を及ぼすことがあるのです。

▼日記をつけると、決断力が上がる？

たとえば、起業や転職を考えたとき、「とはいえ、自分は失敗してばかりだからな」と改ざんした記憶と今の状況を紐付けて、行動するのを躊躇してしまうのはもったいないことです。

では、メモリー・バイアスに惑わされないためには、どうしたらいいのでしょうか。地下鉄での乗り過ごしの記憶の実験を行ったハーバード大学の研究チームは、記憶に関する日記をつける方法を提案しています。

ノートでも、スケジュール帳でも、Googleカレンダーのようなオンライン上のサービスでもかまいません。そこに印象に残った記憶を箇条書きにして、メモしていきましょう。毎日、記録する必要はありません。

うれしい出来事の記憶、失敗の記憶、嫌だと感じたエピソードの記憶、覚えておきたい友人との小さなやりとりなど、ネガティブ、ポジティブの両極端な記憶だけでなく、小さな気づきも箇条書きにしていきましょう。

この方法は私も実践していて、夜、入浴後にその日の悩みや感情をGoogleカレンダーに書き残すようにしています。いいことがあったら、それでどんな感情になったかを書く。悩んだり、迷ったりしたことがあったらどんな出来事だったかを記録する。この習慣も6年ほど続けています。

すると、おもしろいことが起きました。記憶が平均化されるのです。

たとえば、5年前の今日、死ぬほど落ち込んだ出来事があり、「なんでこんな失敗をしたんだ！」と書いていたのに、5年後の今になってみると、読み返すまで、その失敗のことも死ぬほど落ち込んだ感情も覚えていなかった……なんてことが多々あると気づきます。

実際、私たちは去年の今頃、何に悩んでいたかなんて正確には覚えていません。記憶は正確性という意味でも曖昧で、だからこそ、**過去にこだわり、意志決定を歪める必要などない**のです。

ところが、改ざんされた強い記憶は私たちの冷静な決断の邪魔をします。

ハーバード大学の研究チームが勧める「記憶の記録」は、「じつは、その記憶、大した意味はないですよ」と、そう自分に教え、メモリー・バイアスのいましめを解いてくれるテクニックなのです。

とはいえ、「記憶の記録」はまだつけていない人が大半だと思います。その際は、**決断の前に「自分は『過去の最高の体験』もしくは、『過去の最悪の体験』のどちらかしか思い出していないのではないか?」と自問自答**しましょう。

こうして意識的に1つ以上の体験を思い出すことで、記憶の改ざんに気づき、メモリー・バイアスの縛めを弱めることができます。

決断ミスを減らすテクニック

3

決断した後を想像し、ネガティブな要素を含めたエピローグを書く

▼自分がこの決断を下した後、どんな展開が待っているか

▼Aと決めた後、何が起き、どう感じるだろうか

▼会社の決定どおりに動き出したら、どういう展開になり、何を思うだろうか

そんなふうに**決定後の展開を想像し、事前にエピローグを書くと、ミスを減らすテクニックになることがわかっています。**

これは企業の意志決定者に向け、行動経済学を意志決定に使うクラウドソリューション「Cloverpop（クローバーポップ）」を開発したクローバーポップ社が、6万人のユーザーを対象に行った調査で見えてきた方法です。具体的には、何かを決断する前に、次のポイントについて箇条書きにしていきます。

▼意志決定の1年後に与える影響は？

▼想定される結果は？

▼そのときどんな感情になり、どんなストーリーが展開していくだろうか？

このステップを踏むと何が起きるかというと、**他の選択肢、異なる決断の方向性などが見えてきて、安易な決断ミスを避けることができる**のです。

私たちはどれだけ自分なりの決断のルールを作っていても、いざというとき、目先のことに囚われてしまいます。すぐに結果が出て欲しいと望み、一度決めたのだからと、目先の決断を後押しする情報を集めてしまうのです。

そこで、1年後のエピローグを想像すると、一旦、未来へ意識と思考を飛ばすことができます。つまり、目先のことに囚われている状態を解除できるのです。

ですから、箇条書きで書き出される内容、ストーリーにはさほど大きな意味はありません。小説のエピローグのように物語性豊かで情感を揺さぶるような文章である必要もありません。

大切なのは、決断の1年後に起きる影響を具体的に想像し、その間のストーリーを思い浮かべること。すると、視野が広がり、別の選択肢や「ここでは決断しない」という決断にも目が行くようになり、決断ミスの確率を下げられるわけです。

ちなみに、私が実際に決断後のエピローグを書くときは、必ず失敗するネガティブなストーリーを思い浮かべて、そこからどう立ち直るかまでを書き出すようにしています。

つまり、1年後には成功しているというイメージにはしつつ、その過程にはトラブルや失敗があり、どうにか乗り越えていったというエピローグです。こうすると、トラブル対策も含めて未来像がより具体的になっていきます。

その具体性が、安易な決断ミスを遠ざけてくれるのです。

決断ミスを
減らすテクニック
4

迷ったら、相談する、しない？
相談相手は6人までがベスト

私たちには「まわりと同じことをしたい」と願う心理があります。これは「社会的証明」と呼ばれ、この心の動きは非日常の空間でより強く働きます。

たとえば、現地の言葉がよくわからない海外旅行先で飛行機から降りた後、私たちはなんとなく多くの旅客の向かう方向に歩き出します。また、知らない街でランチを食べようと思うとき、多くの人がグルメサイトを開き、口コミをチェックします。

また、小売店で人気商品のランキングが展示されているのは、店側が社会的証明による安心感を購買という決断につなげようとする戦略です。買い物の前にランキング表示に気づいた人は、売れているアイテムに影響を受け、自分が欲しいと思っていた商品がそこに入っていれば安心します。

こうした心理、行動も社会的証明の1つで「多くの人が選んだものが、正しい選択」のように思えるのです。

これは、大事な決断でも変わりません。

▼人に相談すると、決断ミスは防げるのか？

自分が決めようとしていることが正しいのかどうか、悩み、迷っているときほど、誰かに相談したいと思うもの。では、決断前に相談するのは決断ミスを避けるのに役立つのでしょうか。

先程も紹介したクローバーポップ社による6万人のユーザーを対象に行った調査が、相談のメリット、デメリットを明らかにしています。

結論から明かすと、個人でも職場のチームでも意見を1つにまとめ、決断を下す場合は2～6人のステークホルダーに話を聞くと決断ミスが減少します。

これはより多くの視点が介在することで、さまざまなバイアスの影響が小さくなるからです。**しかし、相談相手が7人以上になると、意見のまとまりが乏しくなり、相談が決断を惑わせる要因になってしまう**とも指摘されています。

つまり、意見を聞き、相談するなら6人以下。それも同じ属性ではなく、ポジティブな人、ネガティブな人、慎重な人、大胆な人、おおらかな人、繊細な人など、異なるタイプの人に相談すると、選択肢に広がりが出て決断ミスが少なくなります。

特に新しいアイデアを本格的に実行するときは、信頼できる人たちに相談し、意見を聞きましょう。アイデアを出す場面では1人で集中するほうが効率的ですが、実践に向けて動き出す場面ではチームで検討すると実現方法が具体的になっていきます。

もし、状況的に誰かに相談するのが難しい場合は、自分の中でこうと決めた選択肢について「他の人たちだったらどう考えるか」「上司だったらどう考えるか」「自分と真逆の立場の人だったらどう考えるか」「自分のことをライバル視している人ならどう考えるか」「自分のファンだとしたらどう考えるか」と考えることをおすすめします。そんなふうに立場、条件、見方などを変えながら検討してみましょう。

決断ミスを減らすテクニック 5

あの決断どうだった？信頼できる人にその後をチェックしてもらう

次の機会での決断ミスを減らすため、あなたの決断の支持率を測定しましょう。

これもクローバーポップ社による6万人への調査から決断ミスを減らす効果があると確認されたテクニックです。

具体的には、Aという決断を下した後、それを身近で見ていた信頼できる人にどう感じたか、次のように聞いていきます。

▼私の決断を支持してくれますか？

▼その決断のどの部分が良いと思いましたか？

▼逆にどの部分はいまひとつだと感じましたか？

▼決断そのものが支持できないと思ったのなら、その原因はどこにありますか？

▼決断の結果についてどう評価していますか？

学生時代からの友人や一緒に暮らしているパートナー、同じチームで意志決定に関わっていた同僚や先輩、後輩など、身近にいて、あなたが信頼できる相手に話を聞き、メモに残していきましょう。**可能ならば、1人、2人ではなく、3人以上の声を集めたほうが効果は高まります。**

大事なのは、決断しっぱなしにしたり、自分ひとりで満足したり、後悔したりするのではなく、第三者の声を聞くこと。下した決断の効果測定をすることが、次の場面での決断ミスを減らしてくれます。

これは、相手の評価を聞くうちに、決断に至った経緯や心理について検証することができ、それが次に活かせるからです。また、信頼できる人が自分の意志決定とその経過を見てくれていると知ると、決断したことへの責任感も高まります。

誰にも言わずに決めたことは、実行できなくても自分で勝手に後付けの理由を考えられます。

身近な例で言えば、夏までに体脂肪率を8％落とす！　と1人で決めたとしても、誰にも宣言していなければ、怠けるのは簡単です。

でも、決断してから次のように親しい人に聞いて回ったら、取り組み方が変わるはずです。

▼夏までに体脂肪率を8％落とす！　という決断を支持してくれますか？
▼夏までに体脂肪率を8％落とす！　という決断のどの部分が良いと思いましたか？
▼逆に、夏までに体脂肪率を8％落とす！　という決断のどの部分はいまひとつだと感じましたか？
▼夏までに体脂肪率を8％落とす！　ことが支持できないと思ったのなら、その原因はどこにありますか？
▼夏までに体脂肪率を8％落とす！　と決断した後の取り組みについてどう評価していますか？

「すごいじゃん！」と支持し、応援してくれる人もいれば、「8％落とすのは大変だよ」「まずは3％から刻んでいったら」と言う人も、なかには「俺をおいてダイエットしないでよ」と引き止める人も、「いやいや、ビールと唐揚げ大好きじゃん。無理だよ」と冷ややかに反応する人もいるでしょう。

いずれにしろ、それぞれの反応をメモに残し、自分の決断「夏までに体脂肪率を8％落とす！」を実行に移します。周囲に言ってしまっているので決断への責任が増し、怠けにくい心境になっているはずです。

そして、実際に体脂肪が落ちたなら、相談した相手のどのコメントがあなたの成果につながったのかも確認しましょう。

「応援してくれた人がいたから、がんばれた」なのか、「無理だよと言われたから、奮起した」なのか。肯定も、否定も、どちらも決断をいい成果に向かわせる効果があります。

そうした知識の蓄積が次の決断の場面で役立っていくのです。

決断ミスを減らすテクニック 6

決断が与える影響を5つ書き出し、後付けの言い訳を排除する

私たちは自分に甘い生き物です。

決断についても、後から言い訳をして目指していた成果をすり替えてしまうことがあります。

たとえば、「この5年は自由を手に入れるためにお金を貯める！」と決意して、「可能な限り、金銭的に高待遇の会社に転職する！」と決断し、転職活動を開始したとしましょう。

ところが、なかなかうまく転職活動が進まずにいると、「やりがいを感じることが大事！」と方向性がずれていってしまうことが起こります。

あるいは、「断捨離！　部屋を片付ける！」と決意して、目指すは「物のない暮らし！　ミニマリスト！」と大掃除を始めたものの、途中で「これはまだ使えるかも

……」「たくさんあるコップ、思い出があって捨てられない」と片付けを断念。

このように後付けの言い訳によって、最初の決断を自分で決断ミスにしてしまうケースがあります。それを防ぐためには、**事前に「決断によって影響を受ける事柄を5つ書き出す」という対処法が有効**です。

「この5年は自由を手に入れるためにお金を貯める！」と決意して、「可能な限り、金銭的に高待遇の会社に転職する！」と決断したのであれば……

▼同僚から厳しい反応があるかもしれない
▼条件に見合う転職先がなかなか見つからない可能性がある
▼金銭的に高待遇の会社は、仕事量が増えるかもしれない
▼転職活動中は決意が揺らぎ、弱気になる場面があるはず
▼なかなか次が決まらないことで、現状維持をしそうになるかもしれない

「断捨離！　部屋を片付ける！」と決意して、目指すは「物のない暮らし！　ミニマ

リスト！」であれば……

▼もったいないと思って捨てられない物が出てくる
▼思い出があって捨てられない物が出てくる
▼物の数が多すぎて、途中で挫折するかもしれない
▼家族や恋人から反対されたとき、決意が揺らぐかもしれない
▼片づけに時間がかかりすぎて、くじけてしまうかもしれない

こんなふうに決断後に生じるであろう事柄、起きるであろう心理的な変化を5つ書き出しましょう。すると、**決断を実行しないことを正当化するのを防げます。**

また、書き出すことで、言い訳がいかに無意味かを実感する効果も期待できます。

「独立を目指してお金を貯めようと思っているんだから、同僚の反応なんて関係なくない？」

「5年という期限を切っているから、厳しい環境で耐えられるでしょう」

「もったいないから、思い出が……となりそうだから、とりあえずしまっておく箱を

作って、そこから1週間出さなかったら捨てるルールにしよう」
「ミニマリストが家族の暮らしに合わなかったら、そのときどうするか考えよう」
結果として、後付けの言い訳を排除できるだけでなく、決断の質も上がるわけです。

決断ミスを減らすテクニック
7
新しい情報を探すアンテナを立て続ける

7つ目のテクニックは、決断の前に唱えておきたい呪文です。

「自分は今、重要な情報を把握していないのではないか？」

すでに触れてきたように、私たちの脳は確証バイアスの影響で自分について都合のいい情報を集める性質があります。全体を見て決めているつもりでも、じつは一部分のうまくいきそうな要素に注目し、意志決定してしまいがちなのです。

そこで、決断を下す前に「自分は今、重要な情報を把握していないのではないか？」と自問自答しましょう。

ただし、第2章の完璧主義対策で書いたように、100％を求めると先延ばしが始まってしまいます。ですから、「自分は今、重要な情報を把握していないのではないか？」の問いに「完璧に把握している」という答えを求めてはいけません。

それでもこの呪文が大事なのは、この分野について自分は熟知しているという思い込みを防ぐ効果があるからです。

そもそも完璧がありえないのに、熟知していると思い込むと、視野が狭くなります。特に新しい情報、新しい可能性が目に入らなくなってしまうリスクが高くなるのです。

たとえば、あなたの手元にあるスマートフォンを見てください。

電波の強さを示すアンテナの横に、「４G」もしくは「５G」と表示されているはずです。

しかし、「3G」のネットワークが最新技術だったのは、まだほんの20年ほど前のこと。当時は3Gになったことで、モバイルデバイスによる通話、テキストメッセージ、インターネット接続に新時代が到来。スマホが一気に普及しました。

それが4Gになり、一般に普及したのは2015年前後。4Gの通信速度は3Gの約10倍で、ダウンロード速度は1・5Mbpsから15Mbpsに向上しました。つまり、映画1本ほどの動画をダウンロードするのに要する時間が、5時間から43秒に短縮されたのです。

その結果、私たちはデスクトップのパソコンよりもスマホに長時間触れるようになり、音楽や動画がストリーミング配信され、SNSの利用者が急増し、ネット上での高いセキュリティに守られた商取引も瞬時に済むようになり、ほぼすべてを出先で行えるようになりました。

もし、あなたがスマホにまつわるビジネスに関わっているなら、「自分は今、重要な情報を把握していないのではないか?」という問いを素直に受け止めることができるはずです。

事実、4Gの定着からわずか5年で5Gが到来しました。通信速度は圧倒的に速くなり、想像もできないサービスも実現することでしょう。

そこまで顕著ではないとしても、私たちを取り巻く環境は日々変化しています。

そんななかで自分の知っていることに囚われ、都合のいい情報を集めて安心し、決断した結果、後悔することになるのは当然でしょう。

知っているがゆえに、うっかり見逃していることもあるに違いない。それはどんなことだろう？　どれだけ本を読み、調べても把握できるのは全体像の8割程度。残りの2割は知らないままでいる。そして、世の中は常に動いていて、今、この瞬間も新しい知見が送り出されている。

私は、そう考えて意志決定するようにしています。

常に学ぶ姿勢を持ち、新しい情報、新しい価値観にアンテナを張っていないと、せっかく積み上げてきた知識や経験をうまく活かすことができなくなります。

決断ミスを避けるためにも、「自分は今、重要な情報を把握していないのではないか？」と考え、謙虚な気持ちを持ちましょう。

決断は「感情、記憶、相談、チェック、言い訳の排除、情報の更新」でうまくいかせる

特別章

さらに決断力を上げるための4つの方法

決断力が上がる「テクニック」が存在する

▼さらに決断力を上げる方法

最後に、ここまでこの本を読んでいただいた方に、特別なプレゼントがあります。

この章では、さらに決断力を上げるために効果のある4つの方法を授けます。

たとえ大きな決断を前にしていない方でも、簡単にできて、やがて来る大きな決断のための力をつけておける方法です。

ぜひ、このテクニックでさらなる決断力を手に入れてください。

決断力を上げる方法

1

決断のルールを更新する

▼投資で高収益を出す人に共通していた「決断のルール」とは？

「単純」な状況で決断を自動化する一例として、マサチューセッツ工科大学などの研究チームが行った投資パフォーマンスを上げる決断についての研究を紹介します。

2013年、研究チームが「eToro」（オンライン・トレーディングのプラットフォーム）を使い、160万人のユーザーを対象にユーロと米ドルの為替取引データを集め、約1000万件の金融取引をチェックしました。

その結果、研究チームは各ユーザーの決断を次の3つのパターンに分類します。

①アイソレーション・チェンバー：他のトレーダーをほとんどフォローせず、自分で思いついたアイデアを中心に投資をする。つまり、投資について決断するとき、毎回、自分なりの検討を重ねているグループ

②エコー・チェンバー：人との結び付きが極めて高いトレーダーの集団。多くの人とフォローし合い、社会的学習で多くの決断を行う。つまり、話し合い影響し合いながら決断していくグループ

③スイート・チェンバー：既存の投資パターンのアイデアを借りながら、自分で決めたルールも組み込み投資をしている。つまり、社会のトレンドなども見ながら、そこに自分の考えを入れ、ルール化し、決断の一部を自動化しているグループ

その上で全員の収益を確認したところ、**もっとも投資パフォーマンスが良かったのは「スイート・チェンバー」。特定の投資パターンと意志決定のルールを使い、決断を自動化している投資家たちが、他の2タイプのトレーダーを30％も上回る収益率を達成していた**のです。

他のトレーダーを30％も上回る収益率が出せるということは、投資だけで生きてい

けるレベルのパフォーマンス。逆に自分なりの考えに強く引っ張られたり、周囲の声に強い影響を受けたりしていると、凡庸なパフォーマンスになってしまったということです。

「自分の考えにこだわりすぎると視野が狭くなる」「人の意見に流されるとうまくいかない」と変換すると、投資をしない人にもスイート・チェンバーが好成績を残せる理由が感覚的によくわかります。

▼「決断のルール」は更新したほうがいいのか？守り続けたほうがいいのか？

ただ、研究チームはより深い考察を残しています。

- ▼スイート・チェンバーが行っているような優れた意志決定を続けるには、「社会的探索」と呼ばれる行為を継続的に行うことが必要
- ▼社会的探索とは、時間をかけて新しい人に接し、どのような考え方があるのかを探ること

▼ただし、最良の人や最善の考えを探すのではなく、できるだけ多様な種類の人たちと結びついて、幅広く多様な考えに触れるように努める
▼集めた考えをさらに別の人たちにぶつけ、どれが共感を呼ぶかを見ながら、戦略を精査していく

つまり、一定の自分なりの決断のルールを作った上で、それを随時更新していくため、情報収集を続けていきましょう、と。それが決断の自動化の精度を高めると分析しているのです。

なかでも特に重要な指摘が、最初からベストの答えを探そうとしてはいけないとしている点です。**いい意志決定をするには、自分とは違う考え方、主流とされる考え方とは異なるアイデアも知ったうえで、決断のルールを作る必要がある**わけです。

大事なのは、多様性に触れること。一度、決断がうまくいったからといって、過剰な自信を持つと必ず失敗してしまいます。それは「自分の決断のルールは優れている」と勘違いし、環境の変化に気づかず、多様な意見に目を向けないからです。

すると、決断の基準そのものがズレてしまい、うまくいかなくなります。

いい決断を持続できる人の特徴は、多種多様な人の意見に耳を傾け、そこにアレンジを加え、決断のルールを更新するところ。つまり、自動化の重要性を理解しながら、社会的探索を続ける努力も惜しまない人が、いい成果を得られるのです。

決断力を上げる方法

2

小説を読む

▼小説を読む人は、決断力が上がる!?

あなたは日頃、小説を読むタイプですか？

上質な文学作品を読む機会が多い人は、客観的に見て本人にとってより良い決断を下せる可能性が高くなる……という研究データがあります。

ロンドンにあるウエストミンスター大学の研究チームが「文学作品が脳に与える影響」に関する先行研究を調査。その結論として、２０２０年に「上質なフィクションを読むことで、効果的な意志決定が可能となる」という報告を出しています。

このウエストミンスター大学の研究を裏付けるように、カナダのトロント大学の研究チームは「エッセイより短編小説を読む被験者は認知的完結欲求が低い」と指摘。この結果について研究チームは、「文学を読むためには、ゆっくりと大量の情報を取り込み、何度も思考を変えなくてはならないからだろう」と推測しています。

文学作品が意志決定の質を上げるというのは、意外な指摘かもしれません。偉大な経営者やスポーツ界の著名な監督の決断力について掘り下げた本を読むほうが、意志決定の質につながりそうです。

しかし、**文学作品を読むことには思わぬ効果がありました。それは私たちが備えている「認知的完結欲求」を下げてくれる**のです。

認知的完結欲求とは、「答えのないもの」よりも「結論が決まっているもの」を好む性質のこと。

たとえば、議論には白黒を付けてスッキリしたい、ドラマはハッピーエンドじゃないとモヤモヤする、ゲームに出てくる謎は全部解かないとクリアした気にならない、旅行の予定はきっちり立てないと落ち着かないなど、認知的完結欲求の高い人は結論を求めます。

その分、Aの選択肢もあるけど、Bもある、Cも選べる。Aが正しい確率は75％くらいで、Bは20％、Cがいい可能性も5％は残っている。といった状況では、十分に比較検討せず、Aに飛びついてしまいます。

逆に認知的完結欲求の低い人は、答えが決まらないと落ち着かないという感覚が少ないので、複雑な状況でもそれぞれの選択肢の可能性を考えることができるのです。

認知的完結欲求の高い人は目の前に示されたわずかな情報から物事を判断してしまう傾向があります。それは情報の収集、選択肢の検討が不十分なままの決断につながり、「単純」「面倒」「複雑」のそれぞれの状況での意志決定に悪影響を与えてしまうのです。

にもかかわらず、即断即決や直感での決断に憧れる人がいつの時代も一定数いるのは、誰もが認知的完結欲求を持っているから。

「オレの直感、冴えている」「今回こそ、私の予感が当たるはず」と、決めて行動に移ったことで満足感が得られてしまうのです。しかし、結果が後悔の残るものになっているなら、決断の仕方に一工夫加えるべきでしょう。

▼どんな小説を読むと、決断力をより高められるのか？

その点、認知的完結欲求が低い人は、より思慮深く創造的な決断を下す傾向があります。

では、具体的にどのような作品に触れるといいのでしょうか。

両大学の研究チームは、簡単には結論が出ず、問題を二分しない作品を推奨しています。例としてあげられていたのは、**カズオ・イシグロの「日の名残り」**や**ジョゼフ・コンラッド「秘密の同居人」**など。日本で言えば、大きく分けて芥川賞にノミネートされているタイプの作品が当てはまるのではないでしょうか。

できれば、挿絵の多いライトノベルではなく、文章表現を読み取り、登場人物の心の動き、舞台となっている世界について想像をふくらませるような作品の読書経験があると決断力にプラスとなります。

敵と味方がはっきりと分かれているストーリーよりも、個人の感覚、視点によって見方や受け止め方もがらりと変わる、解釈や考察の余地の大きな作品がお薦めです。知的な好奇心をくすぐる小説を楽しみながら、認知的完結欲求を低くし、決断力を磨いていきましょう。**このトレーニングは、「単純」「面倒」「複雑」の状況であなたにプラスに働きます。**

決断力を上げる方法

3

選択肢を増やす

▼ 選択肢は多いほうがいい？
少ないほうがいい？

私はこの先、どんな動画を配信しようか決めるとき、アイデアを可能な限り、たくさん書き出すようにしています。

目安は100個。自分がやったらおもしろいと思うことを「現実的には無理かも」「下調べが大変そう」「ウケないかも」といったブレーキはかけずに、わーっと出します。その後、「これは違うな」と感じるものを消していき、5つの選択肢にまとめるようにしています。

このやり方は動画のアイデアに限らず、次に出す本のテーマやタイトルは？　来年以降どんな仕事に取り組んでいくかといった「面倒」や「複雑」の状況で最善の決断をしたいときに役立ちます。

重要なポイントは2つあります。

1つ目は可能な限り書き出すこと。数多のバイアスが

備わっているように、私たちの脳は楽をしたがる性質があります。ですから、アイデアを出すときも序盤は無意識のうちに過去の自分の経験を踏まえて慣れている選択肢が浮かんできます。

特に最初に2つ、3つと思いつくアイデアが良さそうに感じるのは、慣れていて実行しやすく楽そうだからです。でも、そうした選択肢を試しても私たちを取り巻く状況は大きく変わりません。

なぜなら、似たような決断をしてきた結果、今のあなたが抱えている悩み、直面している問題が浮上してきたわけです。何かうまくいかないと感じているとき、序盤に思い浮かぶアイデアは現状維持以上の助けにはなりません。

また、選択肢が少ないほうが決めやすくていいのでは……？　と思うかもしれません。でも、少ない選択肢を出すだけでは、新しいチャレンジもできませんし、決断の精度も低くなります。

ですから、**もう出ない……というところから踏ん張って、一捻りも二捻りもしていく意味があります。**私は100個を目安にしていますが、まずは30個を目標にアイデアを絞り出しましょう。

そして、**2つ目のポイントはアイデア出しのとき、判断しないこと。**何のフィルターもかけず、「これはうまくいかないだろうな」「これはバカみたいかも」と思うことでも、なんでも書き出しましょう。

数が大事です。

十分に出し切ったら、絞り込む作業に移ります。私は5つの選択肢にまとめていますが、このとき注意したいのが**実現可能性だけで決めないこと。**

あなたから見て「これはうまくいきそう」「いいアイデアだな」と思える選択肢は3つまでにしてください。その代わり、残りの2つには「いや、これどうなの？」「ちょっとふざけすぎじゃない？」と抵抗感の残るものを選びましょう。

▼「自分らしくない選択肢」を入れることが、飛躍するチャンスになる

つまり、**アイデアを30個まで書き出したら、5つに絞り込むわけですが、その際3**

つは「やってみたらうまくいきそうだな」と自分で思うもの。2つは「いや、これはないでしょ」とツッコミが入るものをわざと残します。

なぜかと言うと、私たちは無意識のうちに自分の過去の経験や記憶の枠に囚われているからです。

これまで通りの選択では飛躍するチャンスを見逃してしまいます。

特に現状を打破する必要がある「面倒」や「複雑」な状況では、あなたの今を作っている枠組みからはみ出してみる勇気が必要です。

そのためにも判断の枠を作らずに数多くのアイデアを出し、絞り込む際にはあえて自分らしくない選択肢を残すようにしましょう。

それがあなたの持つ新しい可能性の扉に気づくきっかけになるかもしれません。

もちろん、5つのなかから最終的に実現可能性の高いベターな選択肢を選び、決断するのもOKです。大切なのは、自分が決断できる可能性の広がりを感じること。まだまだできる、やれることはある、と。そう実感するためにも、100個のアイデア出しを目指していきましょう。

決断力を上げる方法

4

外国語で考える

▼

より良い決断ができる「外国語効果」

第二言語で考えると「外国語効果」が働き、判断能力が向上すると指摘する研究があります。たとえば、普段、日本語を使っている人が、英語などの第二言語で同じ選択肢について検討すると、客観的な視点から見つめ直すことができ、より良い決断が下せるというのです。

研究を行ったのは、シカゴ大学の研究チーム。実験に参加した学生を次の3つのグループに分け、質問に答えてもらいました。

グループ①は、母国語は英語で平均3年ほど日本語を学んだグループ、121人
グループ②は、母国語は韓国語で平均10年ほど英語を学んだグループ、144人
グループ③は、母国語は英語で、平均6年ほどフランス語を学んだグループ、103人

「これまでなかった新種の病気が流行し、特定の薬がなければ60万人が死亡する状況になっています。あなたは2種類の新薬のどちらかを世に送り出すことができます。

薬Aは、20万人の命を助けることが可能な新薬です。そして、薬Bは3分の1の確率で全員を助けることができる新薬です。

あなたはどちらの薬を選びますか？」


この質問には、「損失の機会」に注意を向けるか、「獲得の機会」に焦点を当てるかで決断が変わってくる仕掛けが施されています。

「持っている物を失うことに対する嫌悪感」から損失に注意を向けて捉えると、「『薬A』を使った場合、40万人が助からない。『薬B』では33・3％の確率で全員が生き

延びることができるものの、66・6％の確率で全員が死んでしまう」となります。
「これまでなかったものを手に入れる機会」として、獲得に焦点を当てた場合、「『薬A』は20万人を助けられるが、『薬B』ならば33・3％の確率で全員が生き延びる。ただし、66・6％の確率で全員が死ぬ可能性もある」となります。

さて、あなたが決定権を持っているなら、薬Aと薬Bのどちらの完成を支援しますか？

▼外国語効果を味方にする方法

研究では、それぞれのグループの学生に対し、ランダムに母国語か、外国語かで同じ質問を割り当てていきました。つまり、母国語で考える人と習っている第二言語で考える人に分かれてもらったわけです。

すると、決断の方向が変わりました。

母国語で問題について考えた人たちは、損失を恐れ、できるだけ回避するような選択を決断。今回の場合、薬Aをチョイスしました。

一方、**第二言語である外国語で考えた人たちは、損失を極端に恐れることなく、安全な選択肢とリスクの高い選択肢をほぼ同じ割合で決断する**という結果になりました。つまり、薬Aを選ぶ人、薬Bを選ぶ人が半々になったのです。

これは第二言語が日本語でも、韓国語でも、フランス語でも変わりませんでした。

研究チームは、「外国語を使うと問題に対して心理的距離を取ることができ、慎重で論理的な判断を下しやすくなる」と指摘。母国語での思考とは別の視点で選択肢を見ることで、損失回避のバイアスを乗り越え、より良い決断が下せるようになったのです。

また、シカゴ大学の研究とは別の論文ですが、700人の被験者を対象とした実験でも、**外国語を使うと、人は直感的で安易な決断を行いにくくなる傾向がある**こともわかっています。

もし、あなたが英語は苦手、第二言語は特にないとしても、選択肢の解釈に迷ったときは翻訳ソフトなどを使って英文に変換してみましょう。

中学・高校と学んだ英語力と辞書があれば、よほど難解な文章でもないかぎり、ある程度の意味は読み取れるはずです（そもそも翻訳前の日本語の文章もあります）。そのワンアクションを挟むことで、誰でも外国語効果の力を借りて、決断力を高めることができます。

決断力を上げるためには、ルールの更新、小説を読む、選択肢の数、外国語がポイント

ブックデザイン　小口翔平＋三沢稜＋後藤司（tobufune）
編集協力　佐口賢作・鷗来堂
イラスト　南姫（なみ）
フォトグラファー　米玉利朋子（G.P.FLAG）
ヘアメイク　永瀬多壱（Vanités）
スタイリスト　松野宗和
本文ＤＴＰ　天龍社
編集　池田るり子（サンマーク出版）

[編著]

メンタリストDaiGo

慶應義塾大学理工学部物理情報工学科卒。
人の心をつくることに興味を持ち、人工知能記憶材料系マテリアルサイエンスを研究。英国発祥のメンタリズムを日本のメディアに初めて紹介し、日本唯一のメンタリストとしてTV番組に出演。その後、活動をビジネスやアカデミックな方向へ転換、企業のビジネスアドバイザーやプロダクト開発、作家、大学教授として活動。趣味は1日10~20冊程度の読書、猫と遊ぶこと、ニコニコ動画、ジム通いなど。ビジネスや話術、恋愛、子育てまで幅広いジャンルで人間心理をテーマにした著書は累計400万部を超える。
主な著書に『自分を操る超集中力』、『知識を操る超読書術』(かんき出版)などがある。
[オフィシャルサイト]
https://daigo.jp
[Dラボ－メンタリストDaiGoの心理学徹底解説]
https://daigovideolab.jp

超決断力

6万人を調査してわかった
迷わない決め方の科学

2021年5月5日　初版印刷
2021年5月15日　初版発行

著　者　メンタリストDaiGo
発行人　植木宣隆
発行所　株式会社サンマーク出版
〒169-0075　東京都新宿区高田馬場2-16-11
電　話　03-5272-3166（代表）
印　刷　株式会社暁印刷
製　本　株式会社若林製本工場

ISBN978-4-7631-3908-5 C0030
ホームページ　https://www.sunmark.co.jp